Implantación de la economía circular en las organizaciones. SEAG0006

Pablo Catrofes Martínez

ic editorial

Implantación de la economía circular en las organizaciones. SEAG0006
© Pablo Catrofes Martínez

1ª Edición

© IC Editorial, 2026

Editado por: IC Editorial
c/ Cueva de Viera, 2, Local 3
Centro Negocios CADI
29200 Antequera (Málaga)
Teléfono: 952 70 60 04
Fax: 952 84 55 03
Correo electrónico: iceditorial@iceditorial.com
Internet: www.iceditorial.com

ISBN: 979-13-7027-122-0
Depósito Legal: MA 88-2026

Impresión: PODiPrint
Impreso en Andalucía – España

Nota de la editorial: IC Editorial pertenece a Innovación y Cualificación S. L.

Especialidad formativa

Se entiende por especialidad formativa la agrupación de contenidos, competencias profesionales y especificaciones técnicas que responde a un conjunto de actividades de trabajo enmarcadas en una fase del proceso de producción y con funciones afines.

Las especialidades formativas de Uso General, Formación Complementaria, Formación Modular y las especialidades formativas dirigidas a la obtención de certificados de profesionalidad se incluyen en el Fichero de Especialidades del Servicio Público de Empleo Estatal para su gestión en todo el territorio nacional por cualquier Administración competente.

Las especialidades complementarias, pertenecen todas a la Familia profesional de Formación Complementaria (FCO) y tienen la consideración de formación transversal en áreas que se consideran prioritarias tanto en el marco de la Estrategia Europea para el Empleo y del Sistema Nacional de Empleo como en las directrices establecidas por la Unión Europea. Se consideran áreas prioritarias las relativas a tecnologías de la información y la comunicación, la prevención de riesgos laborales, la sensibilización en medio ambiente, la promoción de la igualdad, la orientación profesional y aquellas otras que se establezcan por la Administración competente.

Las especialidades de Certificado de profesionalidad tienen una duración especificada en su normativa reguladora.

En el resultado de la búsqueda, se muestran las unidades de competencia, todos los módulos formativos con su duración y las unidades formativas del certificado correspondiente, con su duración. Las horas del certificado, exclusivo de las especialidades de certificado de profesionalidad, con alta igual o superior a 2008, son las horas totales más las horas del módulo de Prácticas Profesionales no Laborales.

➲ **Si la especialidad tiene unidades formativas,** las horas totales, presencial, distancia, teleformación serán igual a la suma de esas horas de las unidades formativas de los distintos módulos, sin que se repita ninguna Unidad formativa.

⊃ **Si la especialidad no tiene unidades formativas,** las horas totales, presencial, distancia, teleformación serán igual a las sumas de esas horas de los módulos formativos, eliminando las horas de los módulos repetidos.

https://sede.sepe.gob.es/especialidadesformativas/RXBuscadorEFRED/BusquedaEspecialidades.do

(Fuente: Servicio Público de Empleo Estatal)

Índice

OBJETIVOS GENERALES

Los objetivos generales de **SEAG0006. Implantación de la economía circular en las organizaciones,** son:

- ➲ Sintetizar los principios de la economía circular y su aplicación en la empresa con el fin de mejorar la competitividad y la sostenibilidad.
- ➲ Identificar los principios en los que se basa la economía circular, los actores intervinientes y su capacidad de actuación.
- ➲ Aplicar la ecoinnovación como estrategia para el incremento sostenible y verde.
- ➲ Planificar los resultados económicos, sociales y ambientales para la implantación y el diseño de una estrategia de organización.

La economía circular

Contenido

Objetivos

El objetivo general de esta Unidad de Aprendizaje es:

→ Identificar los principios en los que se basa la economía circular, los actores intervinientes y su capacidad de actuación.

Los objetivos específicos de esta Unidad de Aprendizaje son:

→ Definir la economía circular.

→ Conocer el análisis del ciclo de vida de los productos para actuar de forma sostenible en las diferentes etapas del mismo.

→ Interpretar los conceptos de ecodiseño y eficiencia energética.

→ Identificar los pasos de la pirámide de gestión de residuos y las opciones de valorización.

→ Conocer las medidas de fomento de la UE sobre la circularidad. Normativa, planes, acuerdos y estrategias.

1. Introducción

Desde hace tiempo, especialmente desde la Revolución Industrial hasta nuestros días, a medida que han ido aumentando las posibilidades tecnológicas, han ido aumentando también la cantidad y disponibilidad de productos y servicios para gran parte de la población. Todo esto nos ha proporcionado unos niveles de comodidad en nuestra vida nunca conocidos en la historia de la humanidad, aunque estas posibilidades nos dejan también varios efectos secundarios muy perjudiciales.

Por un lado, provocan que gran parte de la población no pueda disfrutar de los mismos bienes y productos que otra, con lo cual aumentan las diferencias socioeconómicas a escala global.

Por otro lado, ha provocado una crisis en los recursos de los que disponemos para satisfacer el consumo creciente de estos productos.

El planeta, del que lo extraemos todo, conforma un sistema de entradas y salidas que sigue ciclos naturales de diferentes frecuencias, desde pocos días hasta millones de años; pero lo que se genera y consume de forma natural acaba de nuevo incorporado al ciclo. Podríamos decir que nunca se genera basura.

En cambio, la economía humana, en su enorme desarrollo, consume recursos a un ritmo mucho más alto del que se pueden volver a generar, porque está basada en una economía lineal. Esto está provocando cada vez más situaciones de colapso de sistemas naturales, lo cual, tarde o temprano, termina por afectar negativamente a nuestras sociedades.

En este contexto, cobra importancia la economía circular como aquella forma de utilizar los recursos de forma más sostenible y, en muchos casos, renovable, ya que posibilita cerrar el ciclo.

En esta unidad, nos basaremos en la empresa BAZ S. L. para desarrollar el concepto de economía circular y otros relacionados para poder comprender la importancia de aplicar medidas encaminadas a conseguirla, tanto por la situación ambiental actual como por las posibilidades que ofrece a la empresa aplicar estas medidas.

2. Identificación de la economía circular y la creación de valor en la empresa

👉 **HILO CONDUCTOR**

BAZ S. L. es una empresa cuya actividad consiste en la carpintería de madera; en ella se fabrican muebles adaptados para estancias de viviendas como cocinas, habitaciones, etc. Desde hace unos años, la empresa ha disminuido su volumen de ventas por la competencia de grandes cadenas y superficies, mientras que los insumos necesarios han subido de precio, lo cual está poniendo en riesgo la viabilidad de la actividad.

María, como gerente, pretende solucionar el problema. Desde hace un tiempo, ha visto que parte de los insumos más costosos se corresponden con la madera que necesitan para fabricar los muebles, así como con otros materiales relacionados. También ha tenido que pagar algunas sanciones por mala disposición de sus residuos y la coyuntura política y económica no ayuda, ya que reciben mercancías de diversos proveedores y los costes se han incrementado.

Ha consultado a profesionales, y estos le sugieren implantar medidas de circularidad que pueden mejorar el negocio. En este sentido, María decide investigar sobre estos nuevos conceptos de gestiones empresariales basados en la economía circular que puedan ayudar a solucionar la situación.

La economía circular es, pues, un modelo económico que, a diferencia del tradicional de extraer-fabricar-usar-tirar, se basa en que el proceso sea cíclico y pueda cerrarse. Así, se logra disminuir el gasto de recursos en forma de materia y energía para fabricar nuevos productos, y también el gasto en la generación de residuos cuando los productos alcanzan el fin de vida útil.

El objetivo final de la economía circular es la sostenibilidad, y pretende disminuir la explotación de recursos y el consumo de energía. Para ello, se desarrollan diversas herramientas de cara a medir, valorar, analizar y optimizar producciones.

Cuando hablamos de circularidad hay que tener en cuenta una serie de condiciones y objetivos para que esta sea efectiva: unos principios de aplicación de economía circular. Estos principios son los siguientes:

- **Diseño:** el diseño debe ser sostenible, desde el tipo y la cantidad de materia prima utilizada (reciclada) hasta el consumo de energía y agua utilizados en los procesos (eficiencia). Aquí son clave los conceptos de ecodiseño, ecoeficiencia y ecoinnovación.
- **Extender la vida útil del producto:** con la máxima de que el único residuo bueno es el que no se produce.
- **Fomentar la colaboración y la innovación:** la aplicación de nuevas tecnologías, las MTD (mejores técnicas disponibles) y la colaboración entre actividades (bolsas de subproductos) es muy importante.
- **Visión a ciclo de vida completo (ACV):** considera todas las etapas del producto, incluido su fin de vida útil y el papel del usuario/a final, fomentando que los materiales o componentes se reintegren al ciclo productivo.

 RECUERDA

El objetivo final de la economía circular es la sostenibilidad ambiental, económica y social.

 VÍDEO

La economía circular se presenta como un sistema de aprovechamiento de recursos donde prima la reducción, la reutilización y el reciclaje de los elementos. Accede al siguiente enlace para ver un vídeo introductorio a la economía circular.

https://redirectoronline.com/seag00060101

2.1. Antecedentes normativos

La circularidad se plantea como uno de los puntos principales para alcanzar el desarrollo sostenible. Además, los acuerdos internacionales en materia de cambio climático (Acuerdos de París), suscritos por la UE, desembocan en el Pacto Verde Europeo, que tiene como fin último conseguir la neutralidad climática del conjunto de la UE para 2050.

Dentro de este Pacto, se desarrollan diversas estrategias, enfocadas en la disminución de emisión de gases de efecto invernadero, la restauración ambiental y ecológica, la disminución de residuos, etc.

Así pues, las estrategias de circularidad están basadas en los objetivos medioambientales y climáticos del Pacto Verde Europeo, que son los siguientes:

> Conseguir la reducción de emisiones de gases de efecto invernadero para 2030 y la neutralidad climática para 2050.

> Mejorar la capacidad de adaptación, reforzar la resiliencia y reducir la vulnerabilidad al cambio climático.

> Progresar hacia un modelo de crecimiento regenerativo, desvincular el crecimiento económico del uso de los recursos y la degradación medioambiental, y acelerar la transición hacia una economía circular.

> Perseguir la contaminación a cero, incluida la del aire, el agua y el suelo, así como proteger la salud y el bienestar de los europeos.

> Proteger, conservar y recuperar la biodiversidad, y mejorar el capital natural, en particular del aire, el agua, el suelo, los bosques, el agua dulce, los humedales y los ecosistemas marinos.

> Reducir las presiones climáticas y medioambientales asociadas a la producción y al consumo (energía, desarrollov industrial, construcción de infraestructuras, movilidad y sistemas alimentarios).

IMPORTANTE

Dentro de este contexto, la circularidad adquiere un papel muy importante, dado que todos los elementos económicos, sociales y ambientales están entrelazados entre sí, para conseguir esta sostenibilidad y neutralidad climática.

PARA SABER MÁS

Accede al siguiente enlace de la Comisión Europea, en el que se explica en qué consiste el Pacto Verde.

https://redirectoronline.com/seag00060102

El plan de acción para la economía circular se incluye en las estrategias que, en materia de sostenibilidad, buscan acercarse al objetivo planteado desde el Pacto Verde Europeo de la neutralidad en carbono para 2050.

Las principales premisas en las que se basa el Plan de Acción para la Economía Circular de la UE (2020) suponen que una economía circular puede contribuir a disminuir la presión sobre los recursos naturales y es esencial para lograr la neutralidad climática en 2050, además de frenar la pérdida de biodiversidad.

Actualmente, la extracción y el procesamiento de recursos son responsables de aproximadamente el 50 % de las emisiones globales de gases de efecto invernadero y de más del 90 % de la pérdida de biodiversidad y del estrés hídrico.

Por ello, las previsiones dicen que implementar este modelo económico en Europa podría generar beneficios netos, tanto en términos de crecimiento económico como de empleo (0,5 % del PIB y generar cerca de 700.000 nuevos empleos).

Las principales medidas de este plan están destinadas a:

- ⮮ **Productos sostenibles:** legislación para una política de productos sostenibles, a fin de asegurar que los productos comercializados en la UE duren más, sean más fáciles de reutilizar, reparar y reciclar, e incorporen, en la medida de lo posible, material reciclado en lugar de materias primas primarias. Plantea restringir productos de un solo uso y de obsolescencia programada de corta duración.
- ⮮ **Consumidores:** "derecho a la reparación", es decir, información fidedigna sobre aspectos como la separabilidad y la durabilidad de los productos, que los ayudará a tomar decisiones más sostenibles desde el punto de vista del medioambiente.
- ⮮ **Sectores principales:** los sectores a los que están destinadas estas medidas son, principalmente:

  - ◗ Electrónica
  - ◗ Baterías y vehículos
  - ◗ Envases y embalajes
  - ◗ Plásticos
  - ◗ Productos textiles
  - ◗ Construcción
  - ◗ Alimentación

- ⮮ **Disminución** de residuos: medidas para reducir al mínimo las exportaciones de residuos de la UE, hacer frente a los traslados ilícitos y aplicar siempre la pirámide de gestión de los residuos, haciendo énfasis en la reducción y la reutilización.

2.2. Legislación

La economía circular es, pues, una parte importante de las estrategias de la UE para cumplir con los acuerdos internacionales. A partir de este plan, se desarrollan una serie de normativas aplicables en la UE y en los estados miembros que se basan, en materia ambiental, en los siguientes principios:

Principio de sostenibilidad
- El desarrollo sostenible se define como el tipo de desarrollo que satisface las necesidades de las generaciones actuales sin poner en peligro las posibilidades de desarrollo de las generaciones futuras.

Principio de equidad
- Todas las personas tienen el derecho, aunque no la obligación, de hacer uso de la misma cantidad de espacio ambiental (energía, materias primas no renovables, terreno agrícola, bosques, capacidad de absorción de CO_2, etc.).

Principio de precaución
- Conveniencia de tomar medidas antes de tener la seguridad de que se van a producir determinados efectos, debido a la gravedad y a la alta probabilidad de estos.

Principio de responsabilidad diferenciada
- Las obligaciones que un país debe asumir se establecerán de acuerdo con su responsabilidad en el problema y su grado de desarrollo.

Principio de "quien contamina, paga"
- Los causantes de perjuicios o de un atentado al medioambiente deben responder económicamente de las medidas para su corrección.

Dos de las principales referencias legislativas en esta materia son:

Directiva Marco de Residuos (2008/98/CE)
- Establece las líneas mínimas de actuación para la gestión de residuos en los estados miembros, buscando aplicar la pirámide de gestión de forma generalizada.

Ley 7/2022, de 8 de abril, de residuos y suelos contaminados para una economía circular
- Deroga la anterior legislación sobre residuos en España e incorpora medidas más amplias para promover la circularidad, así como un refuerzo del papel de las administraciones, instando a que las entidades autonómicas y municipales desarrollen sus propios planes y programas de sensibilización y dotación presupuestaria.

 **PARA SABER MÁS**

Puedes acceder a cada una de las referencias normativas anteriores a través de los siguientes enlaces.

Directiva 2008/98/CE del Parlamento Europeo y del Consejo, de 19 de noviembre de 2008, sobre los residuos y por la que se derogan determinadas directivas	Ley 7/2022, de 8 de abril, de residuos y suelos contaminados para una economía circular

https://redirectoronline.com/seag00060103

https://redirectoronline.com/seag00060104

En España, esta ley es la principal en lo que se refiere a residuos y lleva en su denominación la referencia a la economía circular.

Según su artículo 1.2:

> *Esta ley tiene por finalidad la prevención y la reducción de la generación de residuos y de los impactos adversos de su generación y gestión, la reducción del impacto global del uso de los recursos y la mejora de la eficiencia de dicho uso con el objeto de, en última instancia, proteger el medioambiente y la salud humana y efectuar la transición a una economía circular y baja en carbono con modelos empresariales, productos y materiales innovadores y sostenibles para garantizar el funcionamiento eficiente del mercado interior y la competitividad de España a largo plazo.*

Los siete pilares de la economía circular

2.3. **Ventajas y beneficios en la aplicación de una estrategia de economía circular**

Siguiendo estas premisas legislativas, la circularidad adquiere una base de trabajo en los procesos productivos, desde las posibles sanciones que se puedan derivar del incumplimiento normativo a las posibles ayudas y bonificaciones fiscales, y otras medidas de fomento para conseguir esta circularidad, planteada como objetivo legal.

Su aplicación empresarial, por tanto, puede generar los siguientes beneficios:

Reducción de costes
- El uso de materias primas más localizadas, el aprovechamiento de subproductos propios o de empresas colaboradoras y de materiales reciclados suele ser más barato.

Cumplimiento con la legislación
- Se realizan estrategias sobre las redes o medios Lo que implica disminuir la posibilidad de ser sancionado.

Continúa en página siguiente >>

<< *Viene de página anterior*

Ampliación de mercado
- Posible efecto de *marketing* hacia consumidores más responsables ecológicamente (por ejemplo, la moda sostenible).

Innovación
- Aplicación de técnicas y tecnologías más modernas que inciden en la búsqueda de nuevos procesos productivos cada vez más eficaces y eficientes.

2.4. Herramientas de la circularidad sostenible

La implementación y adecuación de la circularidad en una actividad empresarial tiene, como cualquier otra medida que se realiza en el ámbito de la sostenibilidad, una serie de posibles herramientas que ayudan a realizarla:

- **Análisis de la situación:** diagnóstico de los impactos producidos en las diferentes etapas de la producción. Se utilizan indicadores como el ACV (ciclo de vida), CTI (indicadores de transición a la circularidad) o MFA (análisis de entradas y salidas de materiales).
- **Diseño del plan:** diseño de productos que puedan ser circulares, como aquellos que facilitan el desmontaje y la reparación, o que tienen certificaciones de biodegradabilidad y no toxicidad.
- **Indicadores del plan:** necesarios para poder determinar la eficacia de las medidas adoptadas de circularidad. Pueden seguirse estándares como la ISO 59000, que actualmente está en desarrollo.
- **Implementación:** la aplicación directa de los modelos de negocio circular, como las "bolsas de subproducto", o incluso la creación de actividades empresariales que utilicen residuos como materia prima (por ejemplo, el uso de suero de leche de industrias lácteas como materia prima en suplementación deportiva).
- **Herramientas digitales:** trazabilidad de la circularidad de un producto mediante códigos QR, códigos de barras y pasaportes digitales que lo identifican. Estas acciones permiten saber, por ejemplo, las tasas de recuperación de electrodomésticos y cuáles han sido reacondicionados o han pasado a procesos de reciclaje.
- **Colaboraciones:** se pueden producir entre empresas de diferentes actividades, generalmente cercanas, o con la creación de actividades para dar soporte circular. Por ejemplo, los alquileres de equipos y maquinaria de obra en construcción y obra civil.

 **NOTA**

En la trazabilidad de productos es importante y obligatorio el n.º de RAEE en aparatos eléctricos y electrónicos, que proporciona información acerca de su producción, materiales, desmantelamiento, etc.

Sello de producto reciclable que especifica su composición

C/GL

Vidrio y aluminio

 PARA SABER MÁS

En el siguiente enlace podrás consultar las normas ISO sobre circularidad, sostenibilidad y también otros temas ambientales.

https://redirectoronline.com/seag00060105

3. Análisis de ciclo de vida y ecodiseño de productos y servicios

☞ HILO CONDUCTOR

En la empresa BAZ S. L. quieren identificar e interpretar los puntos principales de los procesos productivos donde se genere un mayor impacto, con el fin de aplicar las medidas necesarias para reducirlo y aumentar la eficiencia, logrando así un ahorro de costes. Para ello, es preciso realizar un análisis del ciclo de vida de los productos y diseñarlos conforme a metodologías más sostenibles.

Uno de los elementos más importantes y utilizados para desarrollar planes de circularidad es el análisis del ciclo de vida (ACV).

Su principal función es la de analizar cada uno de los pasos que sigue un producto desde su propia concepción (y obtención de las materias primas para fabricarlo) hasta el fin de su vida útil (cuando se convierte en residuo). Plantea la reducción de los impactos ambientales en cada una de sus etapas y la posibilidad de reintroducir total o parcialmente elementos de ese producto en el ciclo.

Evalúa los impactos ambientales asociados con todas las etapas de la vida de un producto, desde la extracción de materias primas hasta su disposición final. El ACV ayuda a identificar oportunidades para mejorar la sostenibilidad ambiental a lo largo del ciclo de vida de un producto o servicio.

3.1. Etapas del análisis del ciclo de vida

La realización de un análisis de ciclo de vida suele ser un proceso laborioso y complejo, que se debe abordar en diferentes etapas. Dichas etapas son las siguientes:

- **Definición de objetivos y alcance:** por qué queremos hacer el ACV y qué aspectos del producto vamos a incluir en el análisis.
- **Inventario:** recopilar información sobre todas las entradas y salidas del producto que puedan afectar al medioambiente, como el consumo de recursos y la generación de residuos.

⮑ **Evaluación de impactos:** análisis de cómo todas esas entradas y salidas pueden afectar el medioambiente, la salud humana y los recursos naturales.

⮑ **Interpretación de resultados:** uso de la información recopilada para entender qué fases o elementos del ciclo de vida del producto son los que más impacto tienen en el medioambiente. De esta manera, se podrán tomar decisiones para mejorar el comportamiento ambiental del producto.

◉ EJEMPLO

Análisis del ciclo de vida de un envase

Para empezar, podemos considerar un envase de diversos materiales, por lo que las materias primas pueden ser diversas; consideremos minerales para un envase de aluminio.

La materia prima principal es el mineral del cual se extraerá el aluminio (bauxita), que requiere de procesos de extracción (minería) y obtención (siderurgia). Ambas actividades son de las más contaminantes en todos los aspectos, además de ser grandes consumidores de energía y combustibles.

• Transporte (1): el aluminio en bruto se debe llevar a los centros de producción de los envases. Esto genera gran cantidad de consumo de combustible, una vez más, y emisiones de gases contaminantes, entre ellos los de efecto invernadero (CO_2).
• Fabricación (2): sería la fabricación como tal del envase en sí. La principal consecuencia es el consumo de agua y energía.
• Logística (3): los envases se transportan a centros donde se llenan del producto correspondiente, o a los puntos de venta.
• Consumidor final (4): utiliza el envase o consume el producto, que contiene y deposita (con suerte) en un contenedor adecuado, desde donde lo llevan al centro de tratamiento.

Analizando cada una de estas etapas, se determinan los impactos ambientales y sociales existentes y se determinan acciones para disminuirlos lo máximo posible.

En este ejemplo, si en la última etapa el consumidor final deposita el envase donde corresponde, de forma que este pueda reciclarse y llegar directamente

Continúa en página siguiente >>

<< Viene de página anterior

al centro de fabricación, se ahorrarían las etapas 1, 2 y 3 que, además, son las más perjudiciales.

Si en lugar de depositarlo, el envase tuviera un diseño que permitiera su reutilización, la etapa 4 no sería necesaria.

Es decir, al analizar el ACV, se determina que, desde la propia concepción del envase, se pueda tomar una u otra acción que disminuya los impactos generados por el mismo (ecodiseño).

 APLICACIÓN PRÁCTICA

María está analizando el ciclo de vida de los productos de su empresa. ¿Puedes ayudarla a identificar el origen más adecuado de la materia prima principal y proponer las mejores soluciones para reducir su impacto social y ambiental? ¿Cuáles de las siguientes opciones contribuyen a reducir el impacto ambiental y social de la materia prima principal utilizada (madera)?

a. Madera proveniente de masas forestales protegidas.
b. Madera reciclada de muebles u otros elementos en desuso.
c. Madera obtenida de explotaciones forestales gestionadas de forma sostenible.
d. Sustitución de la madera por plástico para fabricar el mobiliario.

Solución

b y c. Madera reciclada de muebles u otros elementos en desuso y madera obtenida de explotaciones forestales gestionadas de forma sostenible. La materia prima principal es la madera, que puede obtenerse mediante la tala de árboles de bosques naturales o de plantaciones forestales. Para reducir el impacto ambiental y social, es preferible reutilizar madera de muebles en desuso o utilizar madera certificada de explotaciones sostenibles. Estas opciones promueven la economía circular y ayudan a conservar los recursos naturales.

---

4. Suministros sostenibles

☞ HILO CONDUCTOR

En la empresa BAZ S. L., el compromiso con la sostenibilidad se ha convertido en un eje estratégico de su gestión empresarial. Bajo el título Suministros sostenibles, la organización busca integrar criterios ambientales, sociales y éticos en todos los procesos de adquisición de bienes y servicios.

En la producción de cualquier elemento se parte de una materia prima y de un consumo energético (de agua y de combustible, en la mayoría de los casos). Para garantizar que una organización adopta medidas de circularidad reales, esos suministros deben ser lo más sostenibles posible.

Podemos diferenciar, pues, suministros de energía, agua y materiales. Vamos a ver los aspectos fundamentales de estos grupos.

4.1. Eficiencia energética y cambio climático

Dentro de los suministros necesarios, en toda actividad siempre es imprescindible el consumo de energía.

Lógicamente, para garantizar la circularidad en un sistema de producción, es conveniente que esta sea lo más sostenible posible. Además, varios ODS relevantes recogen lo siguiente:

ODS 13. Acción por el clima

Introducir el cambio climático como cuestión primordial en las políticas, estrategias y planes de países, empresas y sociedad civil, mejorando la respuesta.

ODS 7. Energía asequible y no contaminante

Garantizar el acceso a una energía limpia y asequible, clave para el desarrollo de la agricultura, las empresas, las comunicaciones, la educación, la sanidad y el transporte.

SABÍAS QUE...

El consumo de energía sigue siendo la principal causa del cambio climático, ya que representa alrededor del 60 % de las emisiones mundiales de gases de efecto invernadero.

PARA SABER MÁS

En el siguiente enlace puedes consultar el ODS 7, que garantiza una energía asequible y no contaminante.

https://redirectoronline.com/seag00060106

Para conseguir que este suministro energético sea lo más sostenible posible, hay dos estrategias que, si se siguen de forma conjunta, pueden proporcionar una gran ayuda para conseguir el plan de circularidad: eficiencia energética y uso de energías renovables.

Eficiencia energética

Aprovechamiento de la energía de forma que se maximiza su uso y se minimizan las pérdidas. Esto puede realizarse en entornos industriales, de transporte, de vivienda, etc.

Por ejemplo, el uso de luminarias tipo LED respecto a las lámparas de incandescencia convencionales.

Las luces LED ofrecen numerosas ventajas sobre las lámparas incandescentes convencionales, incluyendo mayor eficiencia energética, mayor vida útil, menor emisión de calor y mayor durabilidad. Además, son más ecológicas y ofrecen más opciones de control de luz.

Uso de energías renovables

Las energías renovables son aquellas que se derivan de fuentes naturales capaces de regenerarse a un ritmo igual o superior al de su consumo. Históricamente, han sido aprovechadas en distintos ámbitos y, en la actualidad, existen tecnologías avanzadas que permiten convertir la energía primaria contenida en estas fuentes —como la solar, la eólica o la hidráulica— en energía eléctrica mediante procesos de transformación específicos. Las tecnologías que se conocen actualmente son:

- **Energía solar:** energía generada a partir de la luz del sol. Podemos diferenciar varios tipos:

  - **Energía solar térmica:** aprovecha la energía calorífica del sol. Se utilizan paneles de energía solar térmica y su uso es para calefacción o ACS (agua caliente sanitaria).
  - **Energía solar termoeléctrica:** aprovecha la energía calorífica del sol para producir energía eléctrica. Módulos o espejos solares captan y amplifican la energía calorífica del sol para calentar agua y producir vapor que, aumentando su presión, pasa por unas turbinas que producen la energía eléctrica.
  - **Energía solar fotovoltaica:** aprovecha la energía luminosa del sol. No depende de la temperatura, sino del tiempo de iluminación. La luz excita los electrones de las células fotovoltaicas y estos producen electricidad.

- **Energía eólica:** energía generada a partir de la energía cinética (del movimiento del viento). El viento hace girar las aspas de un molino (aerogenerador) que, mediante unos mecanismos, giran unas turbinas que producen electricidad.

- **Energía hidráulica:** energía generada a partir de la energía cinética y potencial contenida en los flujos de agua. Los saltos de agua se conducen aumentando su velocidad y su presión y, al pasar por una turbina, generan electricidad.
- **Energía de la biomasa:** energía contenida en restos vegetales. Se utiliza como combustible y, con el calor producido, se calienta agua, produce vapor y pasa por turbina para producir electricidad. También se pueden incluir aquí los aprovechamientos de residuos urbanos o la generación de biogás de vertederos o residuos ganaderos.
- **Energía geotérmica:** energía calorífica contenida en el interior de la tierra. Es muy eficaz sobre todo en zonas volcánicas o con un gradiente de temperatura hacia el interior elevado. Se utiliza también como energía de calefacción.
- **Otras energías en desarrollo:** estas serían las siguientes:

  - **Energía maremotriz:** energía cinética de las mareas; el movimiento del mar, cuando sube y baja la marea, mueve unas turbinas que generan electricidad.
  - **Energía maremotérmica:** energía calorífica del mar. Se aprovecha su diferencial de temperatura en diferentes zonas para generar energía.
  - **Energía undimotriz:** energía cinética de las olas (las olas son causadas por el viento, y ciertas ubicaciones con generación de energía eólica marina son apropiadas para este tipo de aprovechamiento).
  - **Aerotermia:** energía calorífica del aire. Aprovecha el gradiente de temperatura entre el interior y el exterior de las viviendas para generar energía.
  - **Hidrógeno:** se utiliza el hidrógeno como vector energético y acumulado en pilas de combustible para usarlo como energía térmica, mecánica o eléctrica

4.2. Huella hídrica

El agua es, sin duda, el bien más indispensable para la vida, y se utiliza en muchas operaciones de producción de cualquier producto.

Una de las herramientas utilizadas para comprobar el gasto de agua asociado a la fabricación de cualquier producto es la huella hídrica.

Incluye no solo el agua que se consume directamente, que es la que más fácilmente podemos observar, sino también la que se usa en toda la cadena de producción. Es importante diferenciar, además, las diferentes líneas en las que se puede dividir la huella hídrica de cualquier producto o servicio, si bien se desarrollará la información al respecto en las próximas unidades de aprendizaje. Los tipos de huella hídrica son:

Huella hídrica azul	- Hace referencia al volumen de agua extraída, ya sea superficial o subterránea, necesaria para la producción. Los ejemplos más habituales de este tipo de huella hídrica son los consumos de agua destinada a riego, para el ganado o para procesos industriales.
Huella hídrica verde	- Hace referencia al agua de lluvia que se almacena en el suelo y que las plantas utilizan de forma directa; por ejemplo, para cultivos. Esta huella no supone la extracción o captación de aguas de ningún tipo, ya que es agua pluvial.
Huella gris	- Es el volumen de agua necesario para depurar el agua que se ha utilizado previamente y poder devolverla al medio en los estándares de calidad adecuados, lo que supone aumentar la dilución de los contaminantes y otros procesos que consuman agua. Por ejemplo, la que se utiliza en operaciones de tratamiento de aguas residuales.

4.3. Suministros materiales

Las materias primas que se utilizan para la fabricación de cualquier producto conforman los suministros materiales. Cuando hablamos de circularidad, quizá sean el elemento más visible.

Directamente se trata de poder volver a introducir en el ciclo productivo los materiales que en una economía lineal terminarían siendo un residuo. En este punto cobra importancia, pues, el tipo de material, su durabilidad, su capacidad de reparación, la reciclabilidad, etc. Esto se conoce como obsolescencia programada. Es decir, que los productos, en su concepción, diseño y fabricación tengan un fin de vida útil preconcebido y dejen de funcionar o de actualizarse, lo que obliga a los consumidores a adquirir otros. Esta estrategia empresarial puede causar grandes beneficios económicos en una sociedad de consumo, pero plantea una serie de inconvenientes ambientales y sociales, además de económicos, a largo plazo.

Los tipos de obsolescencia programada son los siguientes:

- **Obsolescencia por desgaste o evolución:** el producto se queda obsoleto por desgaste o evolución a otra tecnología que cumple mejor con las características y las funciones para las que fue diseñado (por ejemplo, el DVD respecto de la cinta de vídeo y, posteriormente, la sustitución de este por las plataformas digitales).
- **Obsolescencia de función:** sale al mercado otro producto con nuevas funciones, más útil y atractivo para el usuario (por ejemplo, los *smartphones* en detrimento de los teléfonos móviles anteriores).
- **Obsolescencia de calidad:** introducción de alguna pieza, o del producto completo, que tiene una durabilidad determinada, ya sea por desgaste del material o por interacción con otras, y obliga a sustituir la pieza, o muchas veces el producto entero para que siga siendo utilizable (por ejemplo, los equipos informáticos y las actualizaciones de *software).*
- **Obsolescencia de deseo:** aparece en el mercado —o se crea la necesidad vía publicidad— un producto nuevo, aunque el anterior esté todavía apto para su uso (por ejemplo, la industria de la moda).

Con las actuales estrategias de circularidad sobre la mesa, se han ido planteando otras formas de definir y plantear los productos, partiendo del diseño de los mismos.

Enfoque multi -R

Como hemos mencionado anteriormente, ya viene establecido en la legislación actual en las materias, y lo tratamos partiendo de la pirámide de gestión de residuos, en la cual se determina el orden jerárquico de gestión de los residuos. Dicho orden es el siguiente:

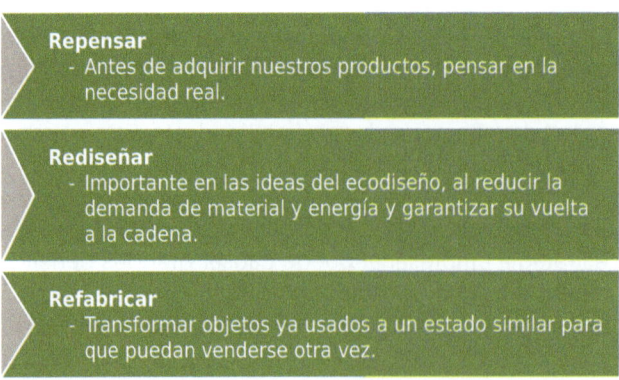

Repensar
- Antes de adquirir nuestros productos, pensar en la necesidad real.

Rediseñar
- Importante en las ideas del ecodiseño, al reducir la demanda de material y energía y garantizar su vuelta a la cadena.

Refabricar
- Transformar objetos ya usados a un estado similar para que puedan venderse otra vez.

Continúa en página siguiente >>

<< Viene de página anterior

Reparar
- Garantizar que los productos sean reparables y, así, alargar su vida útil.

Redistribuir
- Tratar de hacer un mercado equilibrado del consumo.

Reducir
- Medidas de disminución de los residuos generados, no solo mediante la menor adquisición, sino también teniendo en cuenta que los propios productos generen menos desechos.

Reutilizar
- Aumentar la vida del producto, volviendo a usarlo total o parcialmente para otra función distinta a la anterior.

Reciclar
- Fabricar nuevos productos a partir de aquellos que ya han finalizado su vida útil.

Recuperar o valorizar
- Recuperar algunos elementos útiles o incluso valorizarlos energéticamente.

5. Descripción de declaraciones ambientales de productos

 HILO CONDUCTOR

María está pensando en cómo exponer y publicitar las medidas de sostenibilidad y circularidad que se realizan en la compañía, ya que un objetivo importante es atraer a más clientes. Es consciente de que las certificaciones pueden ser más costosas. ¿Ayudamos a María a conocer en qué consisten las declaraciones ambientales y a saber si podría aplicarlas?

Para garantizar que un producto cumple con las especificaciones y regulaciones ambientales a lo largo de su ciclo de vida, una opción es recurrir a las Declaraciones Ambientales de Producto.

En ellas, la entidad que las desarrolla, produce y comercializa, asegura que se cumplen con los estándares ambientales recomendados y que su producto es sostenible.

No se debe confundir con los requisitos establecidos por la legislación, ya que estas declaraciones son de carácter voluntario y, a veces, pueden incurrir en *greenwashing*.

 **DEFINICIÓN**

Greenwashing

Acto de las organizaciones de presentar su actividad, productos o servicios como ambientalmente sostenibles y responsables cuando en realidad no lo son, engañando así a los consumidores y creando una falsa imagen que afecta, además, a aquellas prácticas y productos que sí lo son, al crear desconfianza en los consumidores.

Estas declaraciones exponen que la empresa ha desarrollado el producto cumpliendo una serie de características y miden una serie de parámetros para corroborarlos:

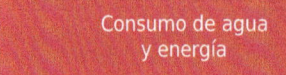
Consumo de agua y energía

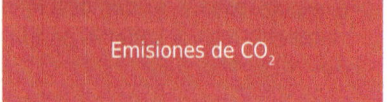
Emisiones de CO_2

Continúa en página siguiente >>

<< Viene de página anterior

Generación y tratamiento de residuos

Indicadores como la huella de carbono o la huella hídrica

 VÍDEO

En este vídeo puedes ver una explicación más detallada del *greenwashing*. Accede desde aquí para verlo.

https://redirectoronline.com/seag00060107

 ACTIVIDAD COMPLEMENTARIA

1. Busca en internet declaraciones ambientales de producto y explica sus características.

5.1. Valorización de residuos

Cuando hablamos de circularidad, uno de los elementos más importantes es la valorización de residuos. Como se menciona anteriormente, ya desde las propias estrategias de circularidad de la UE y de las normativas en España, existen requisitos para aumentar y asegurar la circularidad de muchos materiales.

Se entiende por valorización el proceso por el cual los posibles residuos o material de desecho sólido vuelven a convertirse en otros productos utilizables, considerando también aprovechar su potencial energético.

Para ello, desde la legislación, se establece la jerarquía de gestión de residuos, en la cual se especifican las etapas a seguir en orden de preferencia:

- **Prevención:** podemos empezar considerando que el único residuo bueno es aquel que no se produce; es decir, aquel cuya materia prima se aprovecha al máximo durante la producción, aumentando la eficiencia material del proceso. A partir de este punto, distinguimos dos tipos de valorización de los residuos: el residuo ya existe, pero en lugar de eliminarlo directamente (que, como se muestra en la imagen, es el último paso), se busca obtener un valor de él.
- **Minimización:** tratar de disminuir al máximo la generación de residuos, tanto en cantidad como en volumen. Así se disminuye también la cantidad de materiales utilizados. Esta es una parte en la que las medidas de ecodiseño y la implicación del fabricante tienen mucha importancia. Por ejemplo, la disminución del grosor de envases de plástico, evitar el sobreembalaje, evitar elementos adyacentes en el montaje, etc.
- **Valorización energética:** se corresponde con el último paso de la valorización antes de tener que eliminar el residuo, y su objetivo es aprovechar el potencial energético de los residuos; es decir, se queman y se usan como combustible. Existen varios tipos de residuos que se pueden valorizar energéticamente aplicando tecnologías que desarrollan grados de eficiencia cada vez mayores. Si bien este tipo de valorización plantea, en ocasiones, rechazo social e implicaciones ambientales, supone una solución ante el cúmulo desmesurado de residuos en vertederos (principalmente los residuos municipales, de los que, además, se puede obtener un buen rendimiento energético, ya que en su mayoría son materia orgánica).
Además, supone un elemento importante en la reducción de emisión de CO_2, ya que está aprovechando los residuos orgánicos para producir energía; sustituye, en parte, la quema de combustibles fósiles; y limita la emisión de gases de los vertederos.
También podemos añadir, en esta valorización, la correspondiente a los gases generados por la descomposición de la materia orgánica (metano

y dióxido de carbono, principalmente) que conforman el biogás, que también es utilizado como combustible directamente en instalaciones de tratamiento de residuos.

- **Valorización material:** esta es la valorización que transforma, aprovecha o reutiliza los materiales y que, en la pirámide de gestión, está contemplada en los siguientes elementos:

  - **Reutilización:** supone volver a utilizar un producto para el mismo fin para el que había sido fabricado y diseñado. Es la forma, después de la prevención, óptima de gestión de un residuo, puesto que no implica grandes actuaciones. Hay muchos ejemplos y materiales susceptibles de esta reutilización, y muy comunes, como reutilizar un tarro de vidrio.
  - **Reciclaje/recuperación:** es el apartado que más comúnmente ha calado en el consumidor final, aunque no sea el óptimo. Supone la utilización de un residuo para que, mediante un proceso físico, químico, mecánico o, incluso, biológico se puedan fabricar otros productos. En estos procesos, aunque se sigue usando el material original, este requiere una transformación, lo que conlleva un gasto de agua y energía. Por ejemplo, el reciclaje de un tarro de vidrio implica su transporte a un centro de tratamiento, su rotura y pulverización para, luego, mezclarse con otros elementos, fundirlo y fabricar de nuevo un objeto de vidrio.

    La recuperación de materiales podemos considerarla como un punto intermedio entre reutilización y reciclaje, ya que, por un lado, requiere de un tratamiento para extraer de un producto final el material valioso y, por otro, requiere reciclarlo y fabricar compuestos nuevos.

    Esto es algo importante en los residuos eléctricos, ya que los aparatos frecuentemente tienen metales preciosos o semipreciosos (cobre, plata, oro, platino, etc.) que, en todo caso, pueden usarse casi de forma infinita.

- **Desecho:** disposición final de aquellos residuos que no pueden ser reciclados ni reutilizados.

 **VÍDEO**

En este enlace tienes un vídeo explicativo sobre la minería urbana y las posibilidades de recuperación de materias primas y creación de sector económico.

Continúa en página siguiente >>

<< Viene de página anterior

https://redirectoronline.com/seag00060108

 TAREA 1

En la empresa de María quieren saber cómo podrían implementar algunas de las medidas en gestión de residuos que puedan satisfacer los requisitos necesarios para optar a ayudas fiscales por buenas prácticas y pagar menos tasas de basura en vertederos. ¿Podrías comentar ejemplos aplicando la pirámide jerárquica de residuos para un mueble de madera?

5.2. Residuo como subproducto

Uno de los aspectos relevantes de la circularidad es, pues, la valorización material. Esta la consideramos desde el producto final, que podemos volver a reutilizar o reciclar —total o parcialmente— para volver a incluirlo en el ciclo económico.

Los **subproductos** son materiales que se pueden generar durante un proceso productivo y que, si bien no son útiles para esa producción en concreto, sí que tienen unas características que los hacen útiles e inocuos para otro proceso productivo —bien sea en la misma instalación o en otra—. Es decir, son residuos generados que actúan de materia prima para otro proceso productivo.

La consideración de un **residuo como subproducto** está sujeta a requisitos legales, ya que deben cumplirse determinadas condiciones. Los requisitos legislativos, los permisos, las licencias, así como el transporte y el tratamiento, son diferentes cuando se trata de un residuo o de una materia prima.

La Ley 7/2022, de residuos y suelos contaminados para una economía circular, establece principalmente lo siguiente:

- ⮑ **Se genera de forma no intencionada:** el material se ha producido de forma no intencionada, pero inevitable, como parte de un proceso de producción principal.
- ⮑ **Es efectivo su uso posterior:** se garantiza su uso posterior, y existe un mercado o una demanda real para ese material.
- ⮑ **Puede utilizarse directamente sin tratamiento adicional:** el material puede utilizarse directamente o con un tratamiento habitual (no específico, para convertirlo en producto).
- ⮑ **Es seguro su uso:** no presenta peligros adicionales ni para la salud de las personas ni para el medioambiente.

Residuo

La ley establece, además, que son los propios productores quienes deciden qué residuos son utilizables como subproducto, si bien las autoridades competentes de las comunidades autónomas tienen la potestad para aprobarlos o rechazarlos.

Algunos ejemplos de residuos utilizados como subproductos pueden ser:

Residuo	Subproducto
Suero de leche	Materia prima para alimentos
Restos de poda	Biomasa para combustible
Residuos cerámicos	Relleno para carreteras
Residuos textiles	Materiales de aislamiento acústico
Glicerina	Materia prima para cosméticos

Subproductos de suero de leche y su uso

Nutrición humana (suplementos deportivos y barras energéticas)

Uso farmacéutico (ingredientes para medicamentos y proteínas)

Principal uso del suero de leche

Nutrición animal (alimento para ganado)

Cosmética (cremas, champús y mascarillas)

Agricultura (fertilizantes orgánicos, gestión biológica para producción de biogás)

 PARA SABER MÁS

En el siguiente enlace del Ministerio para la Transición Ecológica y el Reto Demográfico puedes ver con más detalle las condiciones que se deben cumplir para que un residuo adquiera la condición de subproducto.

https://redirectoronline.com/seag00060109

<< Viene de página anterior

5.3. Mercado de las materias primas secundarias

Podemos definir una materia prima secundaria como una sustancia u objeto resultado de un proceso de producción, utilización o consumo que ha dejado de ser residuo no peligroso tras someterse a una o varias operaciones de valorización completas y que, como consecuencia de lo anterior, ha adquirido las mismas propiedades y características que una materia prima originaria o cuyo uso es posible de forma directa en un nuevo proceso de producción.

Es decir, es un material proveniente de otro que es utilizable nuevamente mediante un proceso relativamente sencillo. Como hemos visto en el caso de los subproductos y su condición de "no residuo", debe cumplir una serie de características.

Las actuales estrategias de circularidad implican que este mercado sea viable y útil para conseguir estos propósitos.

Las características de las materias primas secundarias son:

- **Calidad:** los materiales que se utilicen deben tener una calidad mínima exigible y verificada, para que pueda ser un sustituto de la materia prima original.
- **Estabilidad:** en cuanto a sus propiedades físicas, químicas y mecánicas, que posibiliten el desarrollo industrial.
- **Trazabilidad:** debe estar trazado mediante códigos electrónicos de seguimiento y procedimientos similares, desde su origen a su punto de venta final, para garantizar que no existan circunstancias ilegales o que alteren las cualidades del material.
- **Cumplir con la legislación:** en materia sanitaria, ambiental, de transporte, etc. existen organismos que desarrollan ciertos requisitos para los materiales y deben cumplirse (por ejemplo, las normas UNE).
- **Competitividad:** deben ser competitivas económicamente respecto a las materias primas originales. No tendría sentido que fuera más costosa una secundaria que una original.
- **Seguridad:** las materias primas secundarias deben garantizar su seguridad para las personas y el medioambiente de la misma forma que lo harían las materias primas originales. El personal que las manipule debe estar también formado en seguridad y salud y utilizar los medios preventivos y de protección correspondientes.
- **Fácil procesado:** es conveniente que su procesado y tratamiento sea similar o igual al de las materias primas originales, sin que suponga un esfuerzo tecnológico o económico, o incluso ser más sencillo que este.

- **Formato final:** la presentación final para los consumidores debe ser adecuada para el trabajo y los productos que se vayan a realizar, facilitando así su transporte y evitando introducir medidas suplementarias.

Las materias primas secundarias y los mercados generados a partir de ellas no son algo nuevo; hay algunas que se han utilizado frecuentemente desde hace mucho tiempo, ya que el aprovechamiento, que podía ser in situ, hacía que el balance económico fuera positivo.

Es el ejemplo de los áridos de construcción, que en España tienen una normativa propia, además de las que hemos considerado de los residuos (que incluyen más supuestos en actividades de construcción), que es el **Real Decreto 105/2008, de 1 de febrero,** por el que se regula la producción y gestión de los residuos de construcción y demolición.

Trituradora de áridos y gravas, uso in situ

 **NOTA**

Estos áridos muchas veces se pueden utilizar en el mismo lugar en el que se han generado, para más procesos de construcción o como rellenos de parcelas, bases de carreteras, etc.

Podemos, pues, dividir las materias primas secundarias en grandes sectores:

➲ **Metales:** todos los metales, tanto férricos como no férricos, especialmente el aluminio y el cobre, se reutilizan de forma habitual. Se obtienen principalmente de la automoción, construcción, equipos electrónicos, e incluso del sector de residuos domésticos (envases).

➲ **Plásticos:** el mercado aquí es muy grande, ya que hay una gran variedad de plásticos que se utilizan en muchas actividades diferentes y con distintas funciones. Los tipos de plástico más comunes son:

  ◑ PET (polietileno tereftalato): botellas
  ◑ HDPE (polietileno de alta densidad): envases
  ◑ PP (polipropileno): tapones, muebles
  ◑ PVC (cloruro de polivinilo): tubos, cables

  Proceden de muchos ámbitos, como automoción, construcción, domésticos, sector de hostelería, etc., y son utilizados en diferentes actividades, desde la alimentación hasta la industria farmacéutica o la textil.

➲ **Papel y cartón:** también tiene una gran demanda y una gran generación, aunque, a diferencia de los anteriores, va sufriendo una pérdida de calidad con los procesos de reciclado y, por lo tanto, va cambiando de posibles usos, siendo el último el de los embalajes.

➲ **Vidrio:** es otro de los elementos que es común entre los residuos domésticos y que puede ser reincorporado sin pérdida de calidad. Procede de sectores como la construcción, la automoción, la hostelería, etc.

➲ **Textiles:** en este tipo de mercado secundario podríamos considerar el de ropa usada como tal, que va a tener más posibles usos y que cada vez está en mayor desarrollo; pero esto no sería una materia prima, sino una reutilización de un producto final. Las fibras textiles, en cambio, generadas en procesos de fabricación de ropa y otras prendas, sí pueden servir de materia prima para materiales aislantes de construcción o sonido, principalmente.

➲ **Biológicos:** residuos procedentes de operaciones de agricultura, silvicultura y ganadería, principalmente. Son restos de poda, purines de ganado o cáscaras y huesos de alimentos. Muy utilizados en producción energética como biomasa o para generar biogás.

➲ **Materiales críticos:** en este apartado podemos introducir aquellos materiales que se consideran actualmente esenciales para la transición energética y que, con las tecnologías ya existentes, se pueden volver a incorporar a procesos productivos como materia prima. Es el caso del litio, el cobalto, los metales preciosos, e incluso el silicio de paneles solares fotovoltaicos.

 **VÍDEO**

Este vídeo sobre el reciclaje de paneles solares refleja las posibilidades de reciclaje de casi todos los componentes de este tipo de equipos con la tecnología actual. Accede desde aquí para verlo.

https://redirectoronline.com/seag00060111

5.4. Medidas impulsadas por la UE en materia de economía circular; nuevas oportunidades

Desde la UE se han desarrollado estrategias y normativas para aumentar la circularidad de la economía como uno de los elementos clave para conseguir alcanzar el objetivo final del Pacto Verde Europeo, que es la neutralidad climática en 2050.

En estas normativas, además de requisitos legales, se ofrecen una serie de incentivos y oportunidades para que los productores aumenten su tasa de circularidad.

Es decir, se trata de conseguir estos objetivos mediante:

> Requisitos normativos en cuanto a la fabricación y producción; por ejemplo, garantizar una procedencia sostenible o un % mínimo de contenido de material reciclado.

> Medidas de fomento en forma de inversiones y bonificaciones fiscales en organizaciones que aplican la circularidad.

Es conveniente mencionar algunas de las normativas europeas sobre medidas de circularidad más importantes. Así, podemos destacar las siguientes:

- **Reglamento sobre materias primas críticas de 18 de marzo de 2024,** *critical raw materials act* **(CRMA).** Esta legislación crea un marco destinado a asegurar un abastecimiento confiable y sostenible de materias primas críticas, fundamentales para las transiciones ecológica y digital. Entre sus metas destacan las siguientes: que al menos el 10 % de estas materias se extraigan dentro de la UE, que el 40 % se procese localmente y que se recicle un 25 %. También se busca acelerar la concesión de permisos para proyectos estratégicos, evaluar riesgos en las cadenas de suministro y promover empleos locales de calidad.

- **Reglamento sobre el traslado de residuos de 25 de marzo de 2024:** impone restricciones más estrictas a los traslados de residuos fuera de la UE, prohíbe la exportación de residuos plásticos no peligrosos a países que no forman parte de la OCDE —salvo algunas excepciones— y refuerza las medidas contra los traslados ilegales. Además, exige un tratamiento ambientalmente responsable de los residuos y moderniza los procedimientos para apoyar la economía circular y los objetivos de neutralidad climática. También se introducen sistemas electrónicos para facilitar la notificación y autorización de los traslados (trazabilidad), y se prohíbe la exportación de residuos peligrosos a países no pertenecientes a la OCDE.

- **Directiva sobre delitos ambientales de 26 de marzo de 2024:** reemplaza la normativa de 2008 con el objetivo de endurecer las sanciones y ampliar el catálogo de delitos contra el medioambiente. La directiva eleva de 9 a 20 el número de infracciones tipificadas, e incorpora nuevas infracciones, como el tráfico ilegal de madera y el reciclaje indebido de componentes contaminantes de embarcaciones. También establece penas más duras para los delitos más graves y sanciones económicas. Además, incluye medidas de responsabilidad civil, como la obligación de restaurar el entorno dañado y la exclusión del acceso a fondos públicos.

- **Directiva sobre emisiones industriales de 12 de abril de 2024:** aparece junto con un nuevo reglamento para establecer un portal actualizado de información sobre emisiones (*industrial emissions portal,* IEP). Diseñada para reducir la contaminación atmosférica, incorpora sectores como la ganadería intensiva y la minería. También se impulsan prácticas orientadas a la economía circular y al uso eficiente de la energía. Se establecen permisos electrónicos obligatorios y se reconoce el derecho de los ciudadanos a recibir compensaciones por los daños a la salud. Además, se garantiza un acceso más sencillo del público a la información sobre emisiones.

- **Directiva sobre la Diligencia Debida Empresarial en Sostenibilidad:** corporate Sustainability Due Diligence Directive, de 24 de mayo de 2024. Esta directiva parece marcar uno de los hitos en cuanto a medidas de sostenibilidad, ya que establece obligaciones para grandes empresas —aquellas con más de 1.000 empleados y una facturación anual superior a 450 millones de euros—, exigiéndoles identificar, prevenir y corregir impactos negativos sobre los derechos humanos y el medioambiente a lo largo de sus operaciones y cadenas de suministro. Las compañías deberán elaborar planes climáticos coherentes con los objetivos del Acuerdo de París y asumir la responsabilidad por los daños ocasionados, incluyendo la compensación a las víctimas. Su implementación será progresiva según el tamaño de la empresa, y comenzará tres años después de su entrada en vigor.

➲ **Reglamento sobre diseño ecológico de 27 de mayo de 2024:** amplía las normas a todos los productos, salvo excepciones como automóviles y bienes de defensa. Introduce requisitos como durabilidad, reparabilidad, huella ambiental y un pasaporte digital para productos. Prohíbe la destrucción de textiles y calzado no vendidos, con exclusión temporal de las pymes. Los criterios serán aplicables en contratación pública para fomentar la sostenibilidad.

➲ **Directiva sobre el derecho a la reparación de 30 de mayo de 2024, Right-to-Repair (R2R) Directive:** es una normativa destinada a facilitar la reparación de productos defectuosos, reducir gastos para los consumidores y promover la sostenibilidad. Establece la obligación para los fabricantes de proporcionar servicios de reparación, introduce formularios estandarizados para simplificar el proceso para los usuarios, y amplía en 12 meses la garantía legal cuando se elige reparar en lugar de reemplazar. También prevé la creación de una plataforma para ayudar a localizar servicios de reparación disponibles.

➲ **Reglamento sobre envases y sus residuos de 16 de diciembre de 2024:** su objetivo es reducir la generación de residuos y fomentar la reutilización en toda la UE. Es otro de los grandes hitos para fomentar la circularidad que ya tenemos como herramienta legislativa. La normativa introduce metas obligatorias de reutilización, limita el uso de envases de un solo uso y exige que estos tengan el menor peso y volumen posible. También se restringe el uso de sustancias peligrosas en envases que estén en contacto con alimentos. Asimismo, se establecen restricciones específicas para envases plásticos.

Partiendo de estas normativas, que establecen objetivos y medidas ambiciosas en materia de circularidad, se definen diversas medidas de fomento. Para las compañías productoras, resulta fundamental asumir estas normativas como una oportunidad para actualizar sus procesos productivos y generar nuevas posibilidades, como el uso de materias primas secundarias. Vamos a ver algunas de las más importantes:

➲ **Bonificaciones y deducciones fiscales:** las bonificaciones locales sobre tasas de residuos van destinadas a municipios que establecen bonificaciones sobre las tasas de recogida y el tratamiento de residuos para empresas que reduzcan su generación, y participen o colaboren con entidades de economía social. Las deducciones fiscales se dirigen a las empresas que implementen prácticas de economía circular, promoviendo la aplicación de beneficios en el impuesto de sociedades o en los impuestos especiales para aquellas que adopten medidas de prevención de residuos, reciclaje, uso de materiales reciclados o mejora de la eficiencia energética.

- **Subvenciones y fondos:** dentro de los fondos europeos para la innovación y la economía circular destacamos los siguientes:

  - Programas como el Horizon Europe, el Fondo Europeo de Desarrollo Regional (FEDER) o el Mecanismo de Recuperación y Resiliencia.
  - Ayudas para digitalización y trazabilidad: implementación de tecnologías que faciliten la trazabilidad de materiales y productos, así como plataformas electrónicas para mejorar la transparencia y la gestión eficiente de recursos.

- **Instrumentos de mercado:** destacan los siguientes instrumentos:

  - **Sistemas de depósito, devolución y retorno (SDDR):** son sistemas de depósito para envases; incentivan a los consumidores a devolverlos para su reutilización o reciclaje, generando un retorno económico y disminuyendo el desperdicio.
  - **Certificados y etiquetas verdes:** son programas que reconocen a las empresas y productos que cumplen con estándares de circularidad, mejorando su posicionamiento en el mercado y otorgándoles con frecuencia preferencia en los contratos públicos.

España, como estado miembro de la UE, viene desarrollando estas estrategias con estrategias y planes de economía circular. Actualmente, estamos inmersos en la Estrategia Española de Economía Circular, España Circular 2030. Los objetivos de la estrategia son:

- Reducir en un 30 % el consumo nacional de materiales en relación con el PIB, tomando como año de referencia el 2010.
- Reducir la generación de residuos un 15 % respecto de lo generado en 2010.
- Reducir la generación de residuos de alimentos en toda cadena alimentaria: 50 % de reducción per cápita a nivel de hogar y consumo minorista, y un 20 % en las cadenas de producción y suministro a partir del año 2020.
- Incrementar la reutilización y la preparación para la reutilización hasta llegar al 10 % de los residuos municipales generados.
- Mejorar un 10 % la eficiencia en el uso del agua.
- Reducir la emisión de gases de efecto invernadero por debajo de los 10 millones de toneladas de CO_2 equivalente.

⊕ PARA SABER MÁS

En el siguiente enlace del Ministerio para la Transición Ecológica y el Reto Demográfico puedes obtener información en mayor detalle de la estrategia de economía circular. Accede desde aquí.

https://redirectoronline.com/seag00060112

Algunas de las medidas más relevantes son:

- Reducción de la cuota para envases que contengan al menos un 30 % de plástico reciclado.
- Posibilidad de deducción y compensación de impuestos para empresas que usen materiales reciclados.
- Reducciones de impuestos para instalaciones que gestionan residuos valorizándolos o reciclando internamente.
- Exenciones parciales para ciertos residuos con alta valorización energética o reciclaje certificado.
- Medidas municipales de exención de tasas.
- Ayudas para la digitalización de la gestión de residuos, desarrollo de tecnologías limpias, rehabilitación sostenible.
- Reducción o exención de impuestos para empresas dedicadas a la reparación o que comercialicen productos reacondicionados.
- Campañas de sensibilización y concienciación.

6. Resumen

La economía circular es, pues, un modelo económico que, a diferencia del tradicional de extraer-fabricar-usar-tirar, se basa en que el proceso sea cíclico y pueda cerrarse, disminuyendo así tanto el gasto de recursos en forma de materia y energía para fabricar nuevos productos como la generación de residuos cuando alcanzan el fin de vida útil.

El objetivo final de la economía circular es la sostenibilidad, que intenta disminuir la explotación de recursos y el consumo de energía. Para ello, se desarrollan diversas herramientas de cara a medir, valorar, analizar y optimizar producciones. Los principios de la economía circular son:

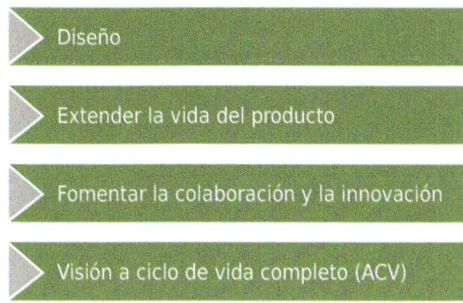

Los indicadores y elementos de medición y control nos ayudan a verificar la situación ambiental de las compañías y los posibles progresos en la circularidad.

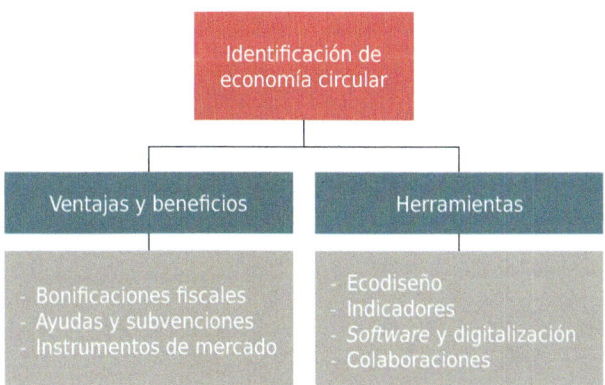

El análisis del ciclo de vida de los productos es una herramienta clave para identificar los posibles impactos ambientales asociados con su desarrollo, producción, distribución y gestión al final de su vida útil. Podemos observar que todos ellos requieren una serie de suministros, como materias primas, agua y energía, cuyo consumo puede reducirse mediante la aplicación de medidas adecuadas.

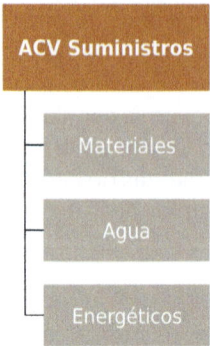

Las compañías pueden realizar sus propios balances de comportamiento ambiental mediante las declaraciones ambientales de su producto, que, si bien no son verificadas por un tercero, sí dan una idea de la política de la empresa en cuanto a la variable ambiental (siempre y cuando no incurra en *greenwashing*). Existen medidas importantes para mejorar la circularidad de los productos, promoviendo su reincorporación a los procesos productivos. Sus características se recogen en la legislación correspondiente que, además, establece diversas acciones y planes para fomentar la circularidad.

Ejercicios de autoevaluación
Unidad de Aprendizaje 1

1. Son principios de la economía circular:

    a. El ecodiseño.
    b. Extender la vida útil del producto.
    c. El uso sostenible de los recursos.
    d. Todas las opciones son correctas.

2. El Pacto Verde Europeo tiene como objetivo:

    a. Conseguir la neutralidad climática para 2050.
    b. Conseguir que todos los vehículos sean híbridos.
    c. Aumentar la vulnerabilidad al cambio climático.
    d. Fomentar el turismo insostenible.

3. Indica si la siguiente oración es verdadera o falsa: "El principio de responsabilidad diferenciada dice que las obligaciones que un país debe asumir se establecerán de acuerdo con su responsabilidad en el problema y su grado de desarrollo".

    ■ Verdadero
    ■ Falso

4. Las herramientas para la circularidad son:

    a. Diseño de plan de circularidad.
    b. Análisis de la situación.
    c. Determinación de indicadores de medida de éxito.
    d. Todas las opciones son correctas.

5. La relación de la economía circular con la sostenibilidad aparece en el objetivo de desarrollo sostenible...

    a. ... 1.
    b. ... 6.
    c. ... 7 y 13.
    d. ... 8 y 14.

6. Se trata de la huella hídrica referente al agua extraída directamente del medio:

    a. Huella hídrica verde
    b. Huella hídrica azul
    c. Huella hídrica ámbar
    d. Huella hídrica gris

7. La obsolescencia de un producto porque los consumidores quieren otro nuevo sin que se haya agotado, estropeado o evolucionado el anterior es:

    a. Programada
    b. De deseo
    c. De calidad
    d. De función

8. En la jerarquía de gestión de residuos, la acción más importante es:

    a. Reciclar
    b. Reutilizar
    c. Reducir
    d. Valorizar

9. Señala la afirmación incorrecta respecto a las características de los subproductos:

    a. Proceden de residuos originados en la producción intencionadamente.
    b. Su uso posterior es posible.
    c. Su uso no presenta problemas adicionales a la salud de las personas.
    d. No necesitan tratamientos adicionales complicados ni costosos.

10. Indica si la siguiente oración es verdadera o falsa: "Entre las medidas de impulso para aumentar la circularidad, no están las bonificaciones fiscales por parte de las entidades municipales, ya que son solo en ámbito europeo".

    ■ Verdadero
    ■ Falso

Ecoinnovación en las empresas

Contenido

Contenido

El objetivo general de esta Unidad de Aprendizaje es:

→ Aplicar la ecoinnovación como estrategia para un crecimiento económico sostenible y verde.

Los objetivos específicos de esta Unidad de Aprendizaje son:

→ Conocer los beneficios generales de la aplicación de la ecoinnovación.

→ Comprender los beneficios económicos de la ecoinnovación.

→ Desarrollar la implementación de la ecoinnovación empresarial.

→ Analizar las coyunturas y situaciones externas e internas de las organizaciones y del contexto económico, social y cultural para obtener ventajas de la ecoinnovación.

→ Comprender los tipos de análisis previos a la hora de implementar una economía circular, como por ejemplo el análisis DAFO.

1. Introducción

Para alcanzar la circularidad y la sostenibilidad en empresas y organizaciones, es necesario plantear la incorporación de conceptos ambientales en sus procesos productivos.

Cuando sumamos estos parámetros ambientales (o ecológicos) a soluciones novedosas e innovadoras, podemos hablar de **ecoinnovación.** De la mano del ecodiseño, la ecoinnovación supone el desarrollo de productos, procesos, servicios, modelos de negocio o prácticas que reducen el impacto ambiental y, al mismo tiempo, aportan beneficios económicos y sociales. Es decir, se cumple con la agenda sostenible generando beneficios económicos.

En esta unidad, vamos a desarrollar la aplicación de esta ecoinnovación en empresas analizando sus puntos de partida y los pasos a seguir para conseguirla. Para ello, se analizará la implementación de los sistemas de gestión ambiental.

Nos seguiremos basando en el caso de la empresa Baz S. L. y su intención de aplicar la circularidad y, en este caso, la ecoinnovación en sus procesos de trabajo.

2. Aplicación de la ecoinnovación en las empresas

☞ HILO CONDUCTOR

La mueblería BAZ S. L. y su directora gerente, María, tras conocer mejor los posibles beneficios de la aplicación de una economía circular para continuar con la actividad empresarial, han decidido implantarla. Además, quieren tener soluciones más modernas e innovadoras, por lo que la ecoinnovación debe formar parte de este proceso. Se encaminan, pues, a buscar soluciones que mejoren los procesos productivos y que, a la vez, permitan acceder a oportunidades de mercado en este sentido.

La aplicación de la ecoinnovación se puede considerar como un elemento esencial para las empresas que buscan cumplir con exigencias ambientales y también fortalecer su competitividad en un mercado con tendencias más "verdes". Al integrar principios de sostenibilidad en el diseño de productos, procesos productivos e incluso modelos de negocio, esta ecoinnovación permite a las organizaciones obtener unos beneficios económicos evidentes que se pueden reflejar en reducir costes operativos, mejorar la eficiencia y acceder a nuevas áreas de mercado orientadas al consumo sostenible.

Además, la garantía del cumplimiento regulatorio y la adopción de soluciones ecoinnovadoras puede generar otras ventajas económicas, como la disminución de riesgos asociados a la disponibilidad de materias primas, la mejor adaptación en las cadenas de suministro ante cambios coyunturales, una mayor diferenciación y una mejora de la competitividad en el acceso a contrataciones públicas, y acceso a financiación o a incentivos fiscales al respecto.

En este contexto, se puede concluir que las empresas que incluyen la ecoinnovación no solo contribuyen a un alcance de objetivos sostenibles, sino que, además, se posicionan estratégicamente y provechan estas oportunidades económicas.

2.1. Incremento de la cuota de mercado y acceso a inversiones

Actualmente, la cantidad de posibles clientes o usuarios dispuestos a elegir entre un producto con unas características "eco" y unas convencionales es cada vez más alta, por lo que este se ha convertido en un segmento de mercado a explotar.

Puede haber diferencias entre actividades económicas.

Las actividades económicas en las cuales la ecoinnovación tiene una mayor relevancia son:

- **Alimentación y agricultura:** aprovechamiento de subproductos para distintos fines, como materias primas de la industria alimentaria, uso de purines para producción de biometano, etc.
  Presenta un fuerte crecimiento debido a la seguridad alimentaria, la trazabilidad, la reducción del desperdicio y estrategias como "De la granja a la mesa".
- **Construcción:** uso de materiales reciclados o reutilizables y aplicación del R. D. 105/2008 (RCD). Técnicas de construcción empleando materiales más ligeros y con menor huella de carbono en su ACV. Uso de resinas

y materiales aislantes. Fachadas ventiladas y mejora de la eficiencia energética en las edificaciones. Mejora de procesos empleando materiales prefabricados que disminuyen el tiempo necesario. Tecnologías de montaje y desmontaje disminuyendo sistemas de anclaje.

⮞ **Manufactura:** uso del ecodiseño para aumentar la reciclabilidad, nuevas tecnologías como la impresión 3D con materiales sostenibles.

⮞ **Movilidad y automoción:** diseño modular, materiales ligeros y reciclables, baterías más eficientes y sostenibles, y procedimientos de gestión de vehículos fuera de uso. Sistemas colectivos de responsabilidad ampliada (SCRAP), como los puntos SIGNUS (recogida y reciclaje de neumáticos fuera de uso).

El sector está en constante crecimiento, sobre todo asociado a los vehículos eléctricos. La innovación se basa en que el gasto energético para mover los vehículos sea cada vez menor, lo que influye en su peso y su aerodinámica.

⮞ **Energía:** innovación asociada a la mejora en los procesos relacionados con la fabricación, la instalación y el fin de vida útil de equipos de energía renovable. Para ello, se propone el uso de materiales reciclados y reciclables (por ejemplo, en los paneles fotovoltaicos, en los que más del 90 % puede reciclarse). También la investigación en la mejora de la eficiencia de aprovechamiento de las fuentes (solar, eólica, etc.) y el almacenamiento cada vez más efectivo y duradero con materiales más abundantes y fáciles de extraer y utilizar (por ejemplo, las baterías de sodio).

⮞ **Textil:** uso de materiales reciclados (textiles a base de fibras de PVC, tintes naturales). Es un sector que necesita crecimiento e impulso ante la problemática actual causada por el fast-fashion. Hay marcas de prestigio que cada vez añaden componentes mayores de fibras textiles recicladas, ofrecen soluciones de reparación o directamente realizan sus prendas con este tipo de materiales, logrando altos estándares de calidad.

⮞ **Logística:** optimización de rutas y uso de embalajes reutilizables o compostables. Aunque las rutas hacen más referencia a consumos de combustible y energéticos, el desarrollo de *softwares* de logística que optimizan entregas, recogidas y transportes es cada vez más importante. Los embalajes deben usar cada vez menos sobreembalado y menos materiales plásticos. Además, se debe minimizar el peso lo máximo posible.

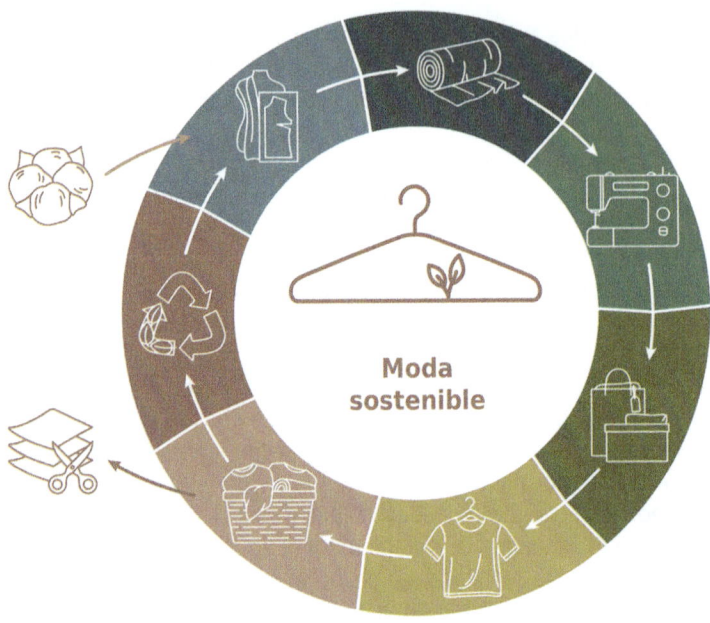

Circularidad textil

Inversiones

Otra forma que tiene una compañía para su mejora económica en la aplicación de medidas de circularidad es la posibilidad de obtención de inversiones, ayudas y desgravaciones fiscales.

Cada vez son más las grandes compañías que invierten en medidas de circularidad para, precisamente, ganar esa cuota de mercado. En algunas ocasiones esto puede llevar al llamado **greenwashing,** sobre el cual la UE está tratando de poner freno de alguna forma.

En España, desde los planes de circularidad, y amparados en las estrategias de desarrollo sostenible y el Pacto Verde Europeo, hay ayudas públicas a varios sectores de actividades económicas como, por ejemplo:

- Subvenciones de proyectos empresariales de circularidad del MITECO.
- Sector energético: programa RENOCICLA del IDAE para reciclaje de equipos de energía renovable.
- Sector del plástico: innovación en el sector del plástico, orientada a investigación y reciclaje desde la Fundación Biodiversidad.
- Sector textil: ayudas PERTE para el sector textil, fomentando medidas de circularidad y reciclaje.

- ⮑ Sector del turismo: Ministerio de Industria y Turismo para fomento de eficiencia energética y circularidad (recogida de residuos).
- ⮑ Otras medidas autonómicas y municipales, como la de la Comunidad de Andalucía en sus planes locales de economía circular, con inversiones en el ámbito municipal, o la de la Comunidad Foral de Navarra.

 **DEFINICIÓN**

Greenwashing

Estrategia de *marketing* engañosa que usan algunas empresas, marcas o instituciones para aparentar ser sostenibles o respetuosas con el medioambiente, sin aplicar realmente prácticas ecológicas significativas.

ACTIVIDAD COMPLEMENTARIA

---

2. Realiza una búsqueda en internet sobre medidas que fomenten la circularidad en tu municipio y explica en qué consisten.

2.2. Reducción de los costes de producción, aumento de la productividad y de la capacidad técnica

En cualquier proceso productivo, los costes asociados a la producción suponen una variable importante a tener en cuenta, y la ecoinnovación puede suponer un importante ahorro.

Cualquier innovación busca aumentar que los productos se realicen de forma más eficaz, aumentando su calidad y disminuyendo la probabilidad de fallos en el proceso, lo que ocasiona pérdidas de tiempo y recursos empleados en su producción.

Además, no hay que olvidar que una mejora ambiental siempre supone un ahorro, ya que implica la necesidad de ser más eficientes en el desarrollo de la actividad, es decir, realizar los mismos procesos productivos empleando menos recursos, por lo que también económicamente es positivo.

Un aspecto importante es siempre tratar de aplicar las **MTD, o mejoras técnicas disponibles,** para cada proceso.

Esto va a suponer la mejora en maquinaria y equipos, así como en protocolos y procedimientos de trabajo.

SABÍAS QUE...

La eficacia es la capacidad de lograr un objetivo o un resultado deseado, sin importar los recursos utilizados. La eficiencia es la capacidad de lograr un objetivo usando la menor cantidad posible de recursos.

Algunas de las **medidas de ecoinnovación** en los principales sectores de actividad mencionados son:

- **Alimentación y agricultura:** nuevas tecnologías aplicadas, como el uso de sensores, drones y *big data* para optimizar el uso de agua, fertilizantes y ocupación del terreno según sus características. Mejora en la logística utilizando SIG (sistemas de información geográfica) y herramientas digitales. Aumentar la circularidad con procedimientos de trabajo y aprovechamiento de subproductos.
- **Textil:**

  - Técnicas de tintura al agua, disminuyendo el uso de productos químicos.
  - Utilización de fibras orgánicas (algodón orgánico), procedentes de cultivos sostenibles. Uso de materiales textiles reciclados (plásticos PET).
  - Prendas diseñadas para facilitar su desmontaje y reparación (por ejemplo, el cambio de los botones) y establecimiento de procedimientos logísticos de devolución.
  - Uso de procesos de lavado de bajo impacto ambiental que ahorran agua y energía en las prendas.

- **Construcción:**

  - Diseños pasivos, con medidas de aislamiento térmico eficiente y uso de energías renovables incorporadas (por ejemplo, la certificación PassivHauss).

۞ Uso de materiales ecológicos, como madera certificada, y estructurales que provienen de materiales reciclados, disminuyendo así el impacto de las industrias extractivas.

۞ Aumento de la construcción modular y prefabricada que reduce mucho la generación de residuos y los tiempos. Además, esto mejora los procesos de desmontaje; muchos interiores modulares permiten las tareas de montaje y desmontaje de forma rápida y con bajos consumos energéticos.

۞ Gestión sostenible del agua: sistemas de recolección de lluvia y reciclaje de aguas grises.

ᴥ **Energía:** en este sector, la principal medida es el aumento de energías renovables; pero también, dentro de este tipo de energía, aparecen medidas propias:

۞ Redes inteligentes que optimizan el consumo y la distribución energética.

۞ Estabilizadores de frecuencia y tensión.

۞ Mejora en la reciclabilidad de los materiales y el aumento de la capacidad de conversión energética (por ejemplo, los paneles de energía solar fotovoltaica convierten ya casi el 30 % de la iluminación solar que reciben).

ᴥ **Movilidad y automoción:** los vehículos eléctricos e híbridos enchufables están copando actualmente la principal innovación tecnológica con variable ambiental. Como se comentó con anterioridad, otras técnicas añadidas mejoran esta innovación tecnológica:

۞ Uso de materiales más ligeros en las aleaciones de acero de los chasis, manteniendo las propiedades de seguridad (aluminio, magnesio y resinas).

۞ Mayor eficiencia aerodinámica.

۞ Procesos de reciclaje y reutilización de baterías y más partes de los vehículos fuera de uso que tienen más facilidades para el desmontaje y menor generación de residuos peligrosos.

ᴥ **Logística**

۞ Uso de herramientas de SIG e IA que, en tiempo real, calculan las rutas óptimas en función del tráfico, mercancía y medio de transporte.

۞ Combinación de medios de transporte más sostenibles priorizando, en caso de los transportes terrestres, el tren respecto al transporte por carretera.

⊃ Manufactura

- ◊ Producción limpia partiendo del propio diseño del proceso de fabricación.
- ◊ Digitalización y uso de IA en tiempo real para optimizar recursos. Sistemas de circuito cerrado con reutilización de materiales, agua y calor residual.

 VÍDEO

En el siguiente vídeo podrás ver el uso de impresoras 3D para optimizar el empleo de materias primas. Accede desde aquí para verlo.

https://redirectoronline.com/seag00060201

2.3. Anticipo a normas y reglamentos y reducir el riesgo

Otro de los puntos de aplicación de metodologías novedosas para tener un mejor comportamiento ambiental a partir de las cuales se puede producir ahorro de costes es la disminución del riesgo, al anticiparnos a medidas reglamentarias que pueden finalizar en sanciones por incumplimiento.

De forma general, como hemos visto hasta ahora en este punto, la mejora del rendimiento económico de las empresas se puede obtener de las siguientes formas:

> Mejora de procesos y procedimientos, lo que aumenta la eficiencia y la eficacia, y disminuye los costes.

Continúa en página siguiente >>

<< Viene de página anterior

> Aumento de la circularidad y ahorro de materiales como materias primas.

> Aumento del segmento de mercado a clientes que apuesten por productos más sostenibles.

> Obtención de ayudas, subvenciones e inversiones públicas.

> Evitar posibles multas o sanciones por incumplimientos normativos en materia ambiental.

 APLICACIÓN PRÁCTICA

Para aplicar el plan de circularidad en la empresa es importante conocer en qué posibles ámbitos se produce la mejora económica. María pretende desarrollar este plan, pero antes quiere saber cuál de los siguientes no es relevante.

a. Aumento de precios de venta de los muebles.
b. Ampliación a nuevos mercados.
c. Mejora en los procesos productivos y ahorro de costes.
d. Obtención de ayudas y subvenciones públicas de diversa índole.

Solución

a. Aumento de precios de venta de los muebles. El resto de opciones son correctas porque se pueden considerar mejoras económicas de implementación de un plan de circularidad. Tienen en cuenta las siguientes cuestiones:

- Obtención de ayudas e inversiones públicas tanto municipales como autonómicas o estatales, e incluso sectoriales.
- Mejora en los procesos productivos y ahorro de materiales, sobre todo en materias primas, reutilizando residuos como subproductos, y disminuyendo el consumo de energía.
- Nuevos mercados de clientes que apuestan por productos de madera más sostenibles.

Para que una empresa u organización pueda anticiparse a posibles medidas legislativas que posiblemente afecten a su actividad, debe conocer con antelación esta posibilidad.

La legislación española, al igual que la del resto de los estados de la UE, deriva de la que se genera en la propia UE. Los países, dependiendo del tipo de normativa establecida, tienen que incorporarla a su ordenamiento jurídico, de diferentes formas en función del tipo de normativa. Esto puede convertirse en una oportunidad, puesto que generalmente existen unos plazos de adopción de la misma. Ante una publicación de una Directiva en el DOUE, que permita varios años de trasposición a la legislación española, una empresa tiene un tiempo determinado para adaptarse a ella si ya la conoce.

La normativa europea y sus características principales son el conjunto de instrumentos jurídicos utilizados por las instituciones de la Unión Europea para garantizar la aplicación uniforme del derecho en los Estados miembros. Entre los actos jurídicos vinculantes más relevantes se encuentran:

- **Reglamento:** es de aplicación general y jurídicamente vinculantes en su totalidad. Directamente aplicable desde que aparece en el DOUE (diario oficial de la UE). Pretende una armonización total en todos los países miembros.
- **Directiva:** aplicación de reglas o estándares mínimos y jurídicamente vinculantes en lo que a estos mínimos se refiere; la elección o forma en que estos se consigan depende de cada estado. Requiere de una transposición (adopción en el ordenamiento jurídico nacional de la normativa europea). La armonización es parcial y dependiente de cada estado —siempre y cuando cumpla esos objetivos mínimos en unos plazos de ejecución señalados—.
- **Decisión:** de aplicación específica a un estado o estados en una materia concreta. También para normas sectoriales de alguna actividad económica, por ejemplo. Se aplican directamente y crean obligaciones o derechos específicos.
- **Recomendaciones y dictámenes:** se establecen en base a programas. No son jurídicamente vinculantes y se corresponden más con orientaciones de legislación. Tratan de conseguir que los estados desarrollen sus normativas en ciertos temas siguiendo la generalidad del programa de la UE.

2.4. Recursos financieros

La financiación disponible para implementar medidas de ecoinnovación aplicadas a la economía circular puede deducirse directamente de la planificación de los recursos que se ahorran mediante el aprovechamiento de los residuos.

Asimismo, existen oportunidades para acercarse a nuevos mercados o a inversores centrados en la sostenibilidad, así como la posibilidad de acceder a planes, programas e incentivos que ofrecen apoyo económico directo o bonificaciones fiscales.

Podemos considerar que los fondos destinados a estas medidas pueden utilizarse para iniciar proyectos de ecoinnovación, mientras que las ayudas e incentivos públicos permiten escalar los negocios. En cuanto a las inversiones privadas, estas contribuyen a consolidar y potenciar las medidas circulares.

A continuación, se explican con mayor detalle los recursos financieros para ello:

- **Fondos propios:** son recursos económicos propios de la empresa, que puede obtenerlos del ahorro de costes, por lo que permiten financiar directamente proyectos de ecoinnovación sin depender de fuentes externas. Se usan para proyectos piloto e inicio de los planes.
- **Créditos:** préstamos bancarios con condiciones favorables en materia de sostenibilidad. Pueden servir para escalar los proyectos de ecoinnovación.
- **Subvenciones:** son ayudas públicas de diferentes entidades que deben ser validadas y cuyo importe va en función de convocatorias y del proyecto. Pueden cubrir parte o la totalidad del mismo y ayudan a las empresas a poner en marcha proyectos sin adquirir deudas.
- **Bonos:** instrumentos de deuda emitidos por empresas o gobiernos para financiar proyectos que tengan beneficios ambientales, en este caso. En ocasiones, permiten a las empresas ampliar mucho el capital disponible para ejecutar los proyectos.
- **Inversiones privadas:** aportes de capital de inversores externos, generalmente a cambio de participación o de beneficios futuros. Existen asociaciones privadas que financian proyectos en este ámbito, tanto a nivel nacional como internacional.

3. Determinación de los objetivos corporativos y de los resultados esperables

☞ HILO CONDUCTOR

Continuamos con el desarrollo del plan de implantación de medidas de circularidad en la empresa BAZ S. L. Para ello, tras obtener la información anterior, deben comenzar a plantearse las áreas de mejora para aplicarlas.

El desarrollo e implantación de economía circular en organizaciones implica el establecimiento de una planificación con la que trabajar.

Así, podemos partir de una determinación de objetivos plausibles y esperar unos resultados. Estos deben ser siempre coherentes con la realidad de la organización, en función de su situación interna y externa, así como de sus capacidades materiales y organizativas y la situación coyuntural exterior.

Actualmente, se puede desarrollar siguiendo pasos similares a la implantación de un modelo o estándar de gestión ambiental como **el ISO 14001:2015** o el **EMAS,** si bien ISO ha desarrollado un **propio estándar** de circularidad que, sin duda, está comenzando a ser seguido por las organizaciones; además, es certificable, lo que corrobora así su actuación y la consecución de objetivos de circularidad. Este estándar es el **ISO 59004:2024.**

Los puntos clave u objetivos de este estándar son:

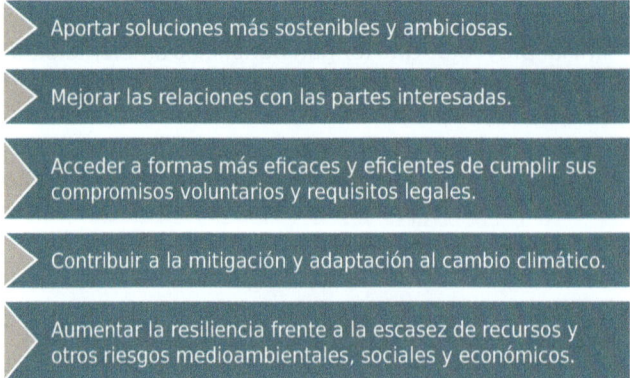

- Aportar soluciones más sostenibles y ambiciosas.
- Mejorar las relaciones con las partes interesadas.
- Acceder a formas más eficaces y eficientes de cumplir sus compromisos voluntarios y requisitos legales.
- Contribuir a la mitigación y adaptación al cambio climático.
- Aumentar la resiliencia frente a la escasez de recursos y otros riesgos medioambientales, sociales y económicos.

El desarrollo de esta norma sigue, como es habitual en las estructuras ISO, una serie de pasos para su implantación. Se centra en el uso de términos estandarizados para todas las organizaciones, en la definición de principios de circularidad claros y concretos, y en la posibilidad de conexión e integración con otros sistemas de gestión ISO, como los de calidad (ISO 9000) o medioambiente (ISO 14000).

3.1. Definición del grupo de trabajo (grupo motor) y roles. Aspectos introductorios

Para poner en marcha un sistema de economía circular en la organización, el primer paso es conformar un equipo de trabajo bien definido, en el que cada persona sepa con claridad cuáles son sus funciones y responsabilidades. Estos grupos pueden plantearse a partir del organigrama de la organización, teniendo en cuenta sus funciones habituales y la mejor implementación posible:

Dirección
- Aprobar y supervisar los objetivos, asegurando que las metas sean realistas y estén alineadas con la estrategia global de la empresa.

Departamento de medioambiente
- Medir y controlar los residuos que se generan.

Equipo técnico
- Análisis del ciclo de vida de los productos. Se encarga de proponer mejoras que impulsen la circularidad.

Producción
- Ejecución de las medidas. Recibe formación en gestión de residuos, para que las acciones se integren en la práctica diaria.

Área de compras y logística
- Introducir criterios circulares en la cadena de suministro, fomentando la reutilización y el uso de materiales reciclados.

Una organización puede comenzar aplicando estas medidas en una línea de producción durante el primer año y, si los resultados son positivos, continuar con la misma. En caso contrario, y siguiendo metodologías de mejora continua, pueden aplicarse las debidas medidas correctoras para solucionarlo, y así sucesivamente.

3.2. Planificación y calendario

Una vez definido el equipo de trabajo, el siguiente paso es planificar las acciones y establecer un calendario que marque el ritmo de cada fase de implementación:

- **Definición de objetivos:** diagnóstico, realización de análisis de ciclo de vida. Hay que tener en cuenta que los objetivos deben cumplir unas características. Deben ser medibles, coherentes, viables técnica y económicamente, y cuantificables. Lógicamente, también deben estar alienados con la circularidad. Por ejemplo, un objetivo de mejora podría ser reducir un % los residuos generados en un proceso productivo.
- **Desarrollo del plan de acción:** diseño de estrategias circulares específicas ya adaptadas a la organización, como medidas para realizar reparación, reutilización, rediseño de productos, logística inversa o economía colaborativa. En este plan deben definirse los responsables y el equipo de trabajo, así como pruebas piloto que se puedan escalar al resto de actividades de la organización. Por ejemplo, determinar que el responsable del control y la medición de los residuos generados deba ser el departamento de medioambiente de la empresa. Se comienza con una línea de producción de un artículo durante el primer año y, si hay éxito, se incorpora la metodología al resto.
- **Implementación del plan:** esta es la fase de integración de prácticas circulares en los procesos operativos de la empresa, en el diseño de productos, de las compras o de la cadena de suministro. Deben realizarse las acciones de capacitación y sensibilización del personal de la organización ajustando la estructura empresarial, si así se necesitara. Desarrollo de los procedimientos de trabajo en cada sector, donde una de las medidas es la formación en gestión de residuos al personal de producción.
- **Medición del desempeño:** es una parte muy importante, ya que nos dice en qué medida el sistema de gestión de la economía circular de la empresa está siendo efectivo. Para ello deben definirse indicadores de medida (como, por ejemplo, una tasa de inclusión de materias primas recicladas en el proceso productivo).
- **Mejora continua y revisiones del sistema:** como todos los estándares ISO, el enfoque se basa en la mejora continua (ciclo de Deming), por lo que deben realizarse revisiones del sistema mediante auditorías del sistema (internas o externas), comprobaciones por la dirección o *feedbacks* de otras empresas, usuarios o clientes. Para ello, dentro de la familia de

normas ISO 59000, las dedicadas a la circularidad, hay estándares específicos al respecto (ISO 59020). Aquí entrarían las auditorías internas y las revisiones por la dirección.

En definitiva, con la implementación de un sistema de gestión para la circularidad, siguiendo en este caso el estándar ISO 59004:2024, una organización podría conseguir:

⊃ Gestión sostenible de los recursos
⊃ Consolidación de las relaciones con las partes interesadas
⊃ Reforzamiento del cumplimiento de la normativa medioambiental
⊃ Contribución a la mitigación del cambio climático
⊃ Mayor resiliencia organizacional

El calendario o cronograma de implantación es necesario para la aplicación del plan. Es importante definir temporalmente cada tarea junto con un departamento y el personal responsable de su ejecución.

4. Definición de la visión de la empresa frente a la sostenibilidad

 HILO CONDUCTOR

Dado que María ya está esperando las posibles mejoras empresariales por aplicar el plan, cabe recordar que la idea subyacente es la de incorporar medidas de sostenibilidad ambiental que llevarán consigo sostenibilidad económica y empresarial a diferentes escalas. Para ello, seguimos dando los pasos necesarios.

Para poder desarrollar e implementar las medidas de circularidad, es necesario que la empresa en cuestión tenga una visión estratégica.

La sostenibilidad se centra en la idea de **desarrollo sostenible,** que puede definirse como aquel que permite la calidad de vida y el desarrollo de la sociedad actual sin poner en riesgo la de las generaciones futuras. Para ello, se actúa sobre 3 pilares fundamentales: el social, el económico y el ambiental, comprendiendo que no puede existir a largo plazo y de forma sostenida el crecimiento de uno en detrimento de los otros. Esta, que ha sido la forma de actuar tradicional, choca con los límites planetarios y crea mayores desigualdades entre las sociedades humanas.

Para que una empresa pueda posicionarse adecuadamente en la búsqueda e implementación de medidas sostenibles y circulares en su estructura y procesos productivos, debe tener en cuenta aspectos internos y externos.

Es decir, debe hacer un diagnóstico de la situación, incluyendo:

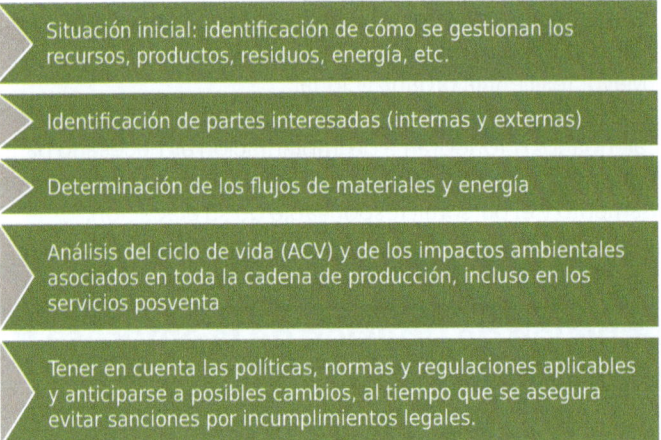

Situación inicial: identificación de cómo se gestionan los recursos, productos, residuos, energía, etc.

Identificación de partes interesadas (internas y externas)

Determinación de los flujos de materiales y energía

Análisis del ciclo de vida (ACV) y de los impactos ambientales asociados en toda la cadena de producción, incluso en los servicios posventa

Tener en cuenta las políticas, normas y regulaciones aplicables y anticiparse a posibles cambios, al tiempo que se asegura evitar sanciones por incumplimientos legales.

4.1. Análisis estratégico de las tendencias, retos e influencias externas

Para poder aplicar estas actuaciones y seguir los pasos que hemos visto en el apartado anterior, se parte de **análisis externos (PESTEL).**

Este análisis pretende conocer situaciones coyunturales externas que pueden afectar en el presente al desarrollo empresarial de una actividad y predecir sus evoluciones futuras para elegir las mejores líneas a seguir.

Los elementos sobre los que se realiza este análisis son:

➲ **Políticos:** situaciones de coyuntura política que puedan influir en las características empresariales. Son muy importantes a nivel "macro", ya que de determinadas decisiones políticas surgen las legislaciones, posibles estrategias, ayudas, medidas fiscales, etc. Son, además, muy relevantes en la actualidad en materia ambiental.

- **Económicos**: las variables económicas que afectan a la empresa o al modelo de negocio. En muchos casos pueden depender de las situaciones políticas. Son variables de mercado y corrientes de consumo.
- **Sociales:** movimientos sociales o culturales que hacen que las empresas enfoquen más esfuerzos en un público objetivo o que desarrollen productos o campañas para ello (por ejemplo, los productos veganos). Pueden ser adaptaciones de una empresa multinacional a las características de un país.
- **Tecnológicos:** innovaciones y desarrollo tecnológico que deben contemplarse. El desarrollo de la IA actualmente tiene mucha influencia en todos los procesos y es aplicable en las producciones industriales y en muchos más aspectos.
- **Ecológicos:** introducción de la variable ambiental. Determinar en qué medida el medioambiente puede afectar a las cuestiones de la empresa; por ejemplo, la negativa de los seguros de vivienda a asegurar viviendas en zonas más afectadas por fenómenos meteorológicos extremos agravados por el cambio climático.
- **Legales:** leyes y normativas que puedan afectar el desarrollo empresarial. En materia ambiental es muy importante, ya que posibles sanciones, disposiciones, bonificaciones y actuaciones han significado modificaciones muy importantes en el desarrollo empresarial y de muchos productos (por ejemplo, las obligaciones de % de material reciclado en nuevos productos).

 **VÍDEO**

En el siguiente enlace puedes ver un vídeo explicativo del análisis PESTEL.

https://redirectoronline.com/seag00060202

A continuación, vamos a exponer una relación de estos análisis en los sectores económicos referenciados:

Agricultura y alimentación	
Políticos	Subsidios (PAC), políticas de seguridad alimentaria, acuerdos comerciales (NAFTA)
Económicos	Precios de insumos (fertilizantes, semillas), tipo de cambio, inflación acumulada
Sociales	Demanda de alimentos ecológicos y veganos, salud y nutrición, hábitos de consumo
Tecnológicos	Agricultura de precisión, biotecnología, uso de drones, trazabilidad
Ecológicos	Cambio climático, uso del agua, degradación del suelo, biodiversidad, agricultura regenerativa
Legales	Regulaciones fitosanitarias, normas de etiquetado y trazabilidad

Construcción	
Políticos	Regulación urbanística, licencias de obras, incentivos a viviendas sostenibles como desgravaciones o ayudas de eficiencia energética
Económicos	Coste de los materiales, inversión pública
Sociales	Demanda, envejecimiento de la población, movimientos a áreas urbanas, cambios en la composición de las familias
Tecnológicos	Modelados de fabricación, uso de prefabricados o impresión 3D
Ecológicos	Gestión de residuos de obra, eficiencia energética, huella de carbono e hídrica
Legales	Seguridad laboral, códigos técnicos de edificación, normativa sobre accesibilidad

Manufactura	
Políticos	Política industrial, tratados, incentivos a i+d +I
Económicos	Costes energéticos y laborales, automatización de procesos, situación de las cadenas de suministro
Sociales	Productos que contemplen RSG, empleo calificado, consumidores más responsables
Tecnológicos	Uso de IA en industria, robótica y elementos de innovación

Continúa en página siguiente >>

<< Viene de página anterior

Manufactura	
Ecológicos	Emisiones contaminantes, gestión de residuos, consumo de recursos, uso de sustancias químicas peligrosas
Legales	Regulaciones ambientales y laborales, certificaciones y trazabilidad. Normas y estándares de calidad

Movilidad	
Políticos	Promoción del transporte público e incentivos a vehículos eléctricos. Coyunturas internacionales, urbanización responsable
Económicos	Precio del combustible, aranceles para materiales, combustibles, ayudas para determinados tipos de tecnologías
Sociales	Cambios en hábitos de movilidad
Tecnológicos	Vehículos autónomos, aplicaciones para la movilidad
Ecológicos	Gases contaminantes, ZBE
Legales	Normativas ambientales, de tráfico y seguridad vial

Energía	
Políticos	Regulación y transición energética, aspectos geopolíticos. Pacto Verde Europeo
Económicos	Precios de los combustibles y crecimiento de tecnologías renovables, posibles inversiones y ayudas públicas
Sociales	Aceptación social y situaciones de pobreza energética
Tecnológicos	Diferentes tipos de energía renovable y almacenamiento energético
Ecológicos	Reducción de gases de efecto invernadero y de la huella ecológica
Legales	Regulación del mercado eléctrico

Textil	
Políticos	Tratados comerciales y regulación laboral internacional

Continúa en página siguiente >>

<< Viene de página anterior

	Textil
Económicos	Costes de producción y logística, presión del *fast-fashion*
Sociales	Moda ética, tendencias de consumo y responsabilidad del consumidor. Mercados de segunda mano
Tecnológicos	Aplicaciones de compraventa, trazabilidad
Ecológicos	Uso intensivo de recursos, impacto de los residuos textiles
Legales	Normas de etiquetado, situaciones de ilegalidad y explotación laboral, impulso a la economía circular

	Logística
Políticos	Comercio internacional, infraestructura logística, situaciones de conflicto
Económicos	Costes de transporte y combustibles, tipos de transporte
Sociales	Entregas rápidas, comportamiento del consumidor
Tecnológicos	Automatización, IA, trazabilidad
Ecológicos	Emisiones del transporte (especialmente por carretera)
Legales	Normas aduaneras, acuerdos y requerimientos (ADR)

4.2. Visión de futuro, competitividad empresariales y minimización de los impactos ambientales bajo un enfoque de ciclo de vida

Un análisis como el PESTEL puede proporcionar una hoja de ruta para la implementación final de elementos de ecoinnovación y economía circular en las empresas. Aplicado con un enfoque de ciclo de vida, no solo identifica riesgos externos, sino que ofrece una posibilidad para anticiparse a los cambios del entorno, convertir la sostenibilidad en un factor de competitividad y minimizar impactos desde el diseño hasta el fin de vida del producto.

Teniendo en cuenta que la base es la de preparar la organización para posibles tendencias, puede:

Mejorar la competitividad emperesarial
- Detectando las posibilidades para adelantarse a la competencia mediante el aumento de la innovación, la búsqueda de ayudas o responder a la demanda de productos sostenibles por parte de los consumidores.

Minimizar impactos
- Pudiendo anticipar los impactos potenciales en cada una de las fases, interpretando estas tendencias en el ciclo de vida del producto.

5. Interpretación del punto de partida

☞ HILO CONDUCTOR

En la empresa BAZ S. L., van a tratar de realizar una planificación para implantar medidas de circularidad, por lo que deben comenzar por interpretar su situación actual y desarrollarla. Vamos a ver los pasos que deben seguir para ello.

Para la implantación de medidas de circularidad, además de los posibles condicionantes, que se pueden analizar con métodos como el **PESTEL,** es necesario realizar, además, análisis internos y propios de la organización que permitan establecer su punto de partida y definir una serie de objetivos de mejora.

Cada modelo de negocio tiene condicionantes como los descritos anteriormente y, a partir de sus procesos, se determinan los puntos en los cuales integrar las mejoras ambientales, en este caso relacionadas con la circularidad.

Una estrategia utilizada para ello es la **de partir de un modelo o diagrama de flujo del modelo de negocio** para visualizar y simplificar los puntos principales en los que tomar las acciones pertinentes.

Con ello, desde un punto de partida, se definen objetivos y se diseñan los medios necesarios para alcanzarlos, con una temporalidad, la responsabilidad de hacerlo e indicadores de consecución.

5.1. Análisis del modelo de negocio

Vamos a realizar el análisis del modelo de negocio tomando como ejemplo la empresa de fabricación de muebles que regenta María.

Dentro de este esquema general de fabricación de un mueble, se integran los aspectos ambientales en cada uno de los pasos para, a partir de ellos, minimizar al máximo los efectos negativos.

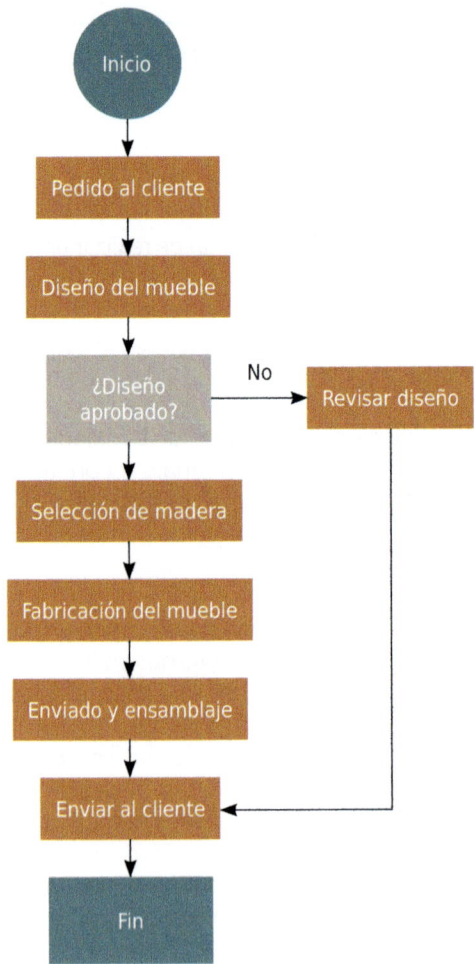

Flujograma del proceso de la actividad de la mueblería

Se puede determinar que gran parte de los efectos negativos y que impiden la circularidad de los productos nacen desde el mismo diseño, así como de la adquisición de las materias primas.

El diseño que integra el enfoque al ciclo de vida del producto buscando minimizar al máximo la generación de impactos ambientales y adaptándolos para aumentar y garantizar su circularidad es el **ecodiseño.**

 DEFINICIÓN

Ecodiseño
Es un enfoque de diseño industrial que considera los efectos ambientales de un producto a lo largo de todo su ciclo de vida, desde su creación y desarrollo hasta su distribución y reciclaje. Se trata de una forma de diseño con visión sistémica, donde la protección del entorno natural ocupa un lugar central. Evalúa aspectos como el método de distribución, el uso de energías renovables en la fabricación e incluso el tipo de estrategia de *marketing* utilizada.

Según *Science Direct*, las reglas del ecodiseño son:

◗ Limitar la toxicidad. Evitar al máximo el uso de sustancias tóxicas y, si son necesarias, integrarlas en un modelo circular para reducir su impacto ambiental.
◗ Mejorar la gestión interna para minimizar el uso de energía y recursos en todos los procesos industriales.
◗ Reducir el peso del producto eligiendo los diseños y los materiales más óptimos.
◗ Reducir el uso de energía. El ecodiseño busca reducir al máximo los recursos y la energía que consumirá el usuario cuando utilice el producto.
◗ Diseñar el producto para que pueda ser reparado o mejorado, alargando así su vida útil.
◗ Optimizar el producto para que sea longevo. De esta manera, se aprovechan mejor los recursos y se evita el modelo de usar y tirar.
◗ Invertir en la protección del producto utilizando materiales durables y tratamientos que lo protejan de averías evitables.
◗ Proveer al consumidor con la información necesaria para que el producto pueda ser modernizado, reparado y reciclado correctamente.
◗ Evitar la mezcla de materiales innecesarios, ya que pueden afectar a si el producto final es reciclable o no.

⊃ Utilizar los mínimos elementos de construcción buscando soluciones geométricas inteligentes, para evitar tornillos y otros elementos similares.

En cuanto a sus ventajas, podemos distinguir las siguientes:

⊃ Producción más eficiente.
⊃ Productos más duraderos y de mayor calidad.
⊃ Ahorro energético en la fabricación.
⊃ Valor añadido para los consumidores.

 **IMPORTANTE**

Utilizando este ecodiseño, y con los procesos necesarios para cumplir con el modelo de negocio, se plantean los objetivos de mejora ambiental en cada una de las partes del proceso.

5.2. Diagrama de los procesos y actividades de la empresa que integre aspectos ambientales

Vamos a seguir analizando el proceso de fabricación del mueble. Ya está decidido el diseño, que, siguiendo las premisas del ecodiseño, tratará de implementar medidas que minimicen sus impactos ambientales y garanticen una producción circular.

Dicho diseño seguirá las siguientes pautas:

⊃ **Selección de la madera:** se elige una madera que provenga de procesos de reciclado anterior, preferentemente, o que tenga certificados de sostenibilidad, como FSC, y de plantaciones cercanas, en su caso. La empresa puede optar por establecer una línea de negocio que consista en la recepción de muebles fuera de uso y reciclarlos propiamente, triturando y haciendo conglomerados útiles para la fabricación de sus muebles propios.
⊃ **Proceso de fabricación:** optimización de los procesos productivos, adquisición de equipos de corte, serrado, atornillado, pegado, barnizado, encolado, etc., que garanticen la eficiencia energética y una generación de residuos mínima. Es importante asegurarse del correcto tratamiento de los mismos y sustituir aquellos que puedan contener productos tóxicos por otros más seguros.

➲ **Ensamblaje:** procurar ensamblaje que utilice pocas piezas extra de fijación, partiendo de un diseño que permita esa posibilidad.

➲ **Embalado y envío:** evitar el sobreembalado, utilizar plásticos reciclados en el proceso. En el envío, tratar de optimizar las rutas de entrega con GIS de adecuación que mejoren la eficiencia, disminuyendo así el consumo de combustible y las emisiones. En caso de realizar subcontrataciones para el envío, pedir certificaciones ambientales.

5.3. Un análisis de las debilidades, amenazas, fortalezas y oportunidades (DAFO)

Podemos definir este análisis como "una herramienta de análisis estratégico utilizada para examinar tanto los factores internos como externos que afectan a una organización o proyecto con la finalidad de detectar los elementos clave que pueden determinar el éxito o el fracaso de una estrategia".

Podemos estructurarlo en los siguientes componentes fundamentales:

➲ **Debilidades (D)**

  ◑ Inversión inicial en tecnologías limpias (MTD), rediseño de productos o procesos sostenibles.
  ◑ Falta de conocimiento técnico o capacitación del personal en prácticas circulares y ecoinnovadoras.
  ◑ Incertidumbre sobre el retorno económico de las inversiones en sostenibilidad a corto plazo.

➲ **Amenazas (A)**

  ◑ Cambios o exigencias normativas estrictas que generen costes adicionales.
  ◑ Resistencia al cambio de ciertos grupos de interés o socios comerciales a adoptar prácticas sostenibles.
  ◑ Competencia que adopta estas medidas mejor y más rápidamente.
  ◑ Riesgo de *greenwashing* por parte de empresas que desacrediten el valor real de la sostenibilidad.

➲ **Fortalezas (F)**

  ◑ Ahorro de costes a largo plazo mediante la eficiencia energética, la reutilización de materiales y la reducción de residuos.
  ◑ Mejora de la imagen corporativa y diferenciación frente a la competencia.

ʊ Acceso a incentivos públicos, bonificaciones fiscales o financiación para proyectos sostenibles.

➲ **Oportunidades (O)**

ʊ Creciente demanda de consumidores por productos y servicios sostenibles.
ʊ Adecuación al marco normativo, que es cada vez más favorable para la economía circular (leyes, normativas, fondos de recuperación verde, etc.).
ʊ Desarrollo de nuevos mercados y modelos de negocio basados en la reutilización, el reciclaje, etc.
ʊ Avances tecnológicos que facilitan la implementación de procesos más limpios y eficientes como la movilidad sostenible.

Con esta información en forma de matriz, se obtiene una visión clara del contexto actual, y así se facilita la elaboración de estrategias que refuercen las fortalezas y aprovechen las oportunidades, al tiempo que se reducen las debilidades y se enfrentan las amenazas. Es una metodología muy común en ámbitos empresariales, educativos e incluso personales para apoyar la

toma de decisiones y la planificación estratégica.

 VÍDEO

A continuación, podrás visualizar un vídeo explicativo de DAFO. Accede desde aquí para verlo.

https://redirectoronline.com/seag00060203

 **TAREA 2**

La empresa BAZ S. L. se encuentra en un momento clave de su evolución estratégica. En el marco de las nuevas exigencias medioambientales, la presión regulatoria europea y la creciente sensibilidad de los consumidores hacia la sostenibilidad, la dirección ha decidido valorar la implantación de un plan de circularidad en todos sus procesos productivos y de gestión. Este plan busca rediseñar el ciclo de vida de los productos, optimizar el uso de recursos, minimizar residuos y favorecer la reutilización, el reciclaje y la innovación en materiales sostenibles.

Desarrolla un análisis DAFO (debilidades, amenazas, fortalezas y oportunidades) que permita identificar los factores internos y externos que influirían en la implantación del plan de circularidad en la empresa. Este análisis servirá como punto de partida para la toma de decisiones estratégicas, incluyendo la evaluación de inversiones, el rediseño de procesos, la formación del personal y la colaboración con proveedores y clientes.

5.4. Acciones prioritarias, hoja de ruta e indicadores

Con la información obtenida mediante los análisis anteriores, el siguiente paso es el de establecer los objetivos y las acciones prioritarias para conseguir la circularidad en la empresa.

Objetivos

La determinación de los objetivos es muy importante, ya que una empresa debe plantearse aquellos objetivos que sean factibles a su realidad empresarial y a su modelo de negocio. Esto podemos extrapolarlo a cualquier tipo de decisión estratégica.

De forma genérica, los objetivos siempre deben ser viables económica y técnicamente, es decir, una empresa debe plantearse aquello que pueda cumplir.

SMART es un acrónimo que ayuda a formular **objetivos claros y alcanzables.** Cada letra representa un criterio que tu meta debe cumplir:

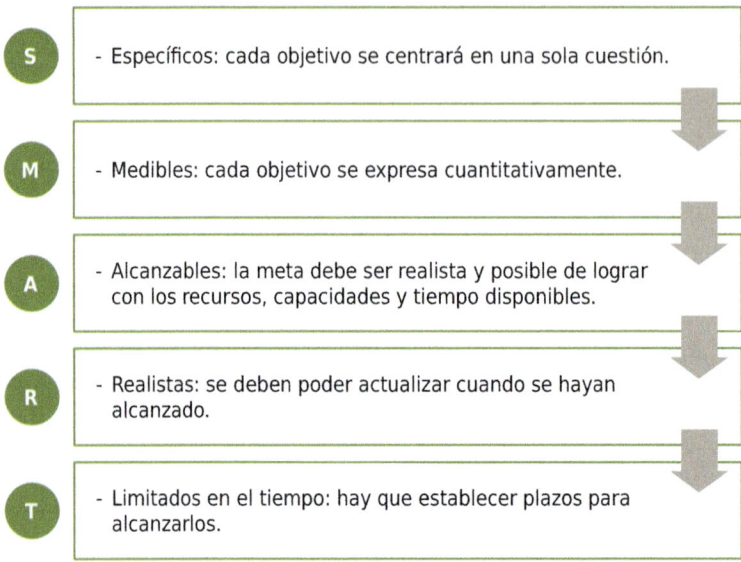

Cronograma

Los objetivos deben ser definidos en el tiempo, y en cada uno de ellos se debe establecer una temporalización de las acciones a tomar para conseguirlos, así como su división en una serie de hitos o etapas de cumplimiento.

Estas etapas se identifican con acciones concretas, llevan un seguimiento de consecución y cada una de ellas acerca más al objetivo.

Las metas son los resultados específicos y medibles que se establecen para alcanzar los objetivos. Son detalladas, cuantitativas siempre que sea posible, y establecen un claro sentido de dirección y compromiso.

Esta temporalización y definición de hitos es una planificación de un proyecto.

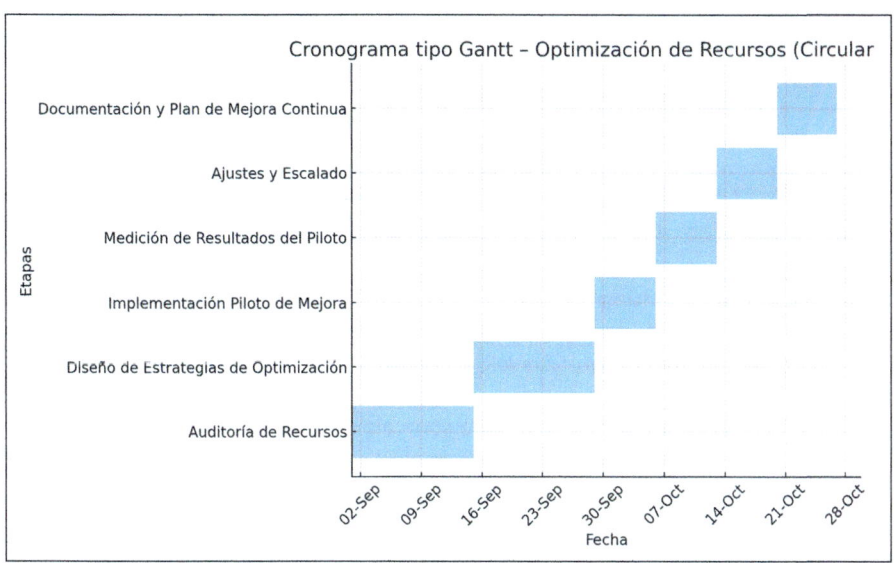

Ejemplo de cronograma de tareas para la optimización de recursos

Definición de indicadores

Los **indicadores** son los elementos que se utilizan para medir el desarrollo y la consecución de los objetivos planteados y sus hitos de desarrollo. Es decir, permiten medir cuán efectiva es una organización, producto o sistema en aplicar los principios de la economía circular. Sus características son:

- ⮥ **Relevantes:** relacionados directamente con los objetivos.
- ⮥ **Cuantificables:** permitir una medición numérica objetiva, ya sea en unidades (kg, m³, ppm) o en proporciones (%).
- ⮥ **Comparables:** comparación en el tiempo entre unidades de producción o con estándares/regulaciones que, además, deben estar estandarizados.
- ⮥ **Comprensibles y fáciles de interpretar:** por diferentes niveles de la organización, evitando el uso excesivo de tecnicismos.
- ⮥ **Verificables:** con fuentes de datos identificables.
- ⮥ **Sensibles al cambio:** que reflejen cambios reales en las condiciones ambientales o en el desempeño de la organización.
- ⮥ **Actualizables:** deben actualizarse con regularidad para que reflejen la situación actual. Asociados a un sistema de monitoreo continuo o periódico.
- ⮥ **Asumibles:** no deben requerir un gasto excesivo de recursos (dinero, tiempo, personal).
- ⮥ **Representativos:** deben representar la forma adecuada del comportamiento general del sistema, no en posibles situaciones anómalas.

A continuación, te mostramos unos cuantos ejemplos sobre indicadores ambientales.

 **EJEMPLO**

Gestión de residuos 1

Porcentaje de residuos reciclados/valorizados

Mide el porcentaje de residuos que son valorizables (reciclados o valorizados energéticamente). Esta información se obtiene de los reportes que facilitan los gestores de residuos.

Porcentaje de residuos valorizables = total de residuos reciclados o valorizados (kg) / residuos totales generados (kg) * 100

Gestión de residuos 2

Tasa de generación de residuos peligrosos

Evalúa la cantidad de residuos peligrosos que se generan en comparación con el total de residuos generados. Este indicador se basa en la documentación facilitada por los gestores de residuos.

Tasa de generación de residuos peligrosos = residuos peligrosos generados (kg) / residuos totales generados (kg) * 100.

Uso de material reciclado

Porcentaje de materiales reciclados en la producción

Mide la reducción del impacto asociado al consumo de materias primas. Se basa en la proporción de materiales reciclados sobre el total de materiales empleados en producción.

Porcentaje de materiales reciclados = materiales reciclados adquiridos (kg) / materiales adquiridos totales (kg) * 100

6. Resumen

Las etapas necesarias para aplicar la ecoinnovación empresarial —donde la circularidad desempeña un papel fundamental— parten de las oportunidades de mejora económica que surgen al implementar una gestión ambiental y medidas innovadoras sostenibles y respetuosas con el medioambiente. Estas incluyen, por ejemplo, el aumento de la productividad mediante la incorporación de mejores tecnologías y métodos de trabajo, así como la reducción de costes gracias al ahorro en materias primas y a una mayor eficiencia en el uso de los recursos, especialmente los energéticos. A ello se suma la variable de mercado, que permite acceder a clientes potenciales que valoran productos más sostenibles.

Para ello, habrá que desarrollar un plan cuyos primeros pasos deben enfocarse en la determinación de grupos de trabajo con la formación y la sensibilización adecuadas y un calendario de consecución de objetivos.

Los análisis PESTEL, para determinar las situaciones externas políticas, económicas, sociales, tecnológicas, ecológicas y legales, son un sistema adecuado para ver las tendencias del tipo de negocio.

Mediante la determinación del ciclo de vida del producto (ACV) adoptamos medidas que disminuyan los efectos ambientales en cada etapa del mismo, y lo integramos en los modelos de negocio. Esto se puede visualizar mediante diagramas de flujo de procesos.

Un análisis DAFO (debilidades, amenazas, fortalezas y oportunidades) permite conocer mejor la realidad de la empresa y cómo estas variables ambientales pueden ayudar a convertir los puntos más débiles de la misma en puntos fuertes, como por ejemplo la anticipación a nuevas regulaciones ambientales.

Finalmente, con esta información podemos definir los objetivos de mejora, determinar las acciones prioritarias y establecer un cronograma para su cumplimiento. Este se estructurará en una serie de etapas o hitos que nos acerquen al objetivo final y que deberán evaluarse mediante indicadores adecuados, capaces de reflejar con precisión el grado de consecución alcanzado.

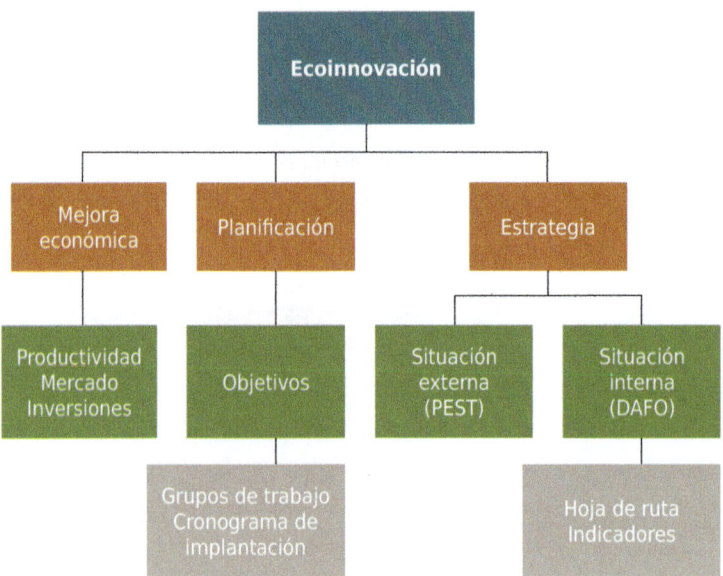

Ejercicios de autoevaluación
Unidad de Aprendizaje 2

1. Las actividades en las que la ecoinnovación tiene mayor importancia son:

    a. Energía
    b. Construcción
    c. Logística
    d. Todas las opciones son correctas.

2. El programa Renocicla se encuadra dentro del:

    a. Sector del turismo
    b. Sector del plástico
    c. Sector energético
    d. Sector logístico

3. Indica si la siguiente oración es verdadera o falsa: *"Greenwashing* es una estrategia de *marketing* engañosa que usan algunas empresas, marcas o instituciones para aparentar ser sostenibles o respetuosas con el medioambiente, sin aplicar realmente prácticas ecológicas significativas".

    ■ Verdadero
    ■ Falso

4. Un ejemplo de certificación ambientalmente sostenible de Passiv-Haus es del sector:

    a. Logístico
    b. De la construcción
    c. Textil
    d. Alimentario

5. ¿Qué normativa europea es de obligado cumplimiento y jurídicamente vinculante para los estados miembros de la UE?

    a. Decreto
    b. Ordenanza

c. Reglamento

d. Recomendación

6. **Son vías de mejora económica por aplicar medidas de ecoinnovación y circularidad:**

a. Ayudas y subvenciones

b. Bonificaciones fiscales

c. Ahorro de costes energéticos

d. Todas son correctas.

7. **El análisis PESTEL permite conocer la situación:**

a. Política

b. Económica

c. Legal

d. Todas las opciones son correctas.

8. **Indica si la siguiente oración es verdadera o falsa: "El ecodiseño es un enfoque de diseño industrial que considera los efectos ambientales de un producto a lo largo de todo su ciclo de vida, desde su creación y desarrollo hasta su distribución y reciclaje."**

■ Verdadero

■ Falso

9. **Un método visual de análisis de fortalezas y debilidades en una empresa es:**

a. Diagrama de procesos

b. Matriz DAFO

c. Matriz de impactos

d. Organigrama de responsabilidades

10. **Señala la opción incorrecta respecto a los objetivos de mejora:**

a. Indefinidos

b. Medibles

c. Coherentes con la actividad de la empresa

d. Técnica y económicamente viables

Plan de economía circular

Contenido

Objetivos

El objetivo general de esta Unidad de Aprendizaje es:

→ Planificar los resultados económicos, sociales y ambientales para la implantación y el diseño de una estrategia de organización.

Los objetivos específicos de esta Unidad de Aprendizaje son:

→ Conocer la situación actual de los recursos naturales, especialmente el agua.

→ Distinguir los conceptos de huella hídrica, huella de carbono y huella ecológica.

→ Planificar los resultados económicos, sociales y ambientales para la implantación y diseño de una estrategia de organización.

→ Calcular la huella hídrica total de un cultivo.

→ Identificar metodologías de gestión de residuos y certificaciones ambientales de residuo cero.

→ Conocer el funcionamiento de los fondos de compensación del carbono como estrategia de lucha contra el cambio climático y el beneficio empresarial.

1. Introducción

Para la implementación de un plan de economía circular en una empresa, es conveniente, además de lo que se ha expuesto en las unidades anteriores, conocer ciertos aspectos sobre los recursos naturales. Además, existen ciertos indicadores que, a nivel más amplio, pueden proporcionarnos información acerca de la correcta implementación de la circularidad.

Así, nos basaremos en la gestión del agua y de los recursos hídricos, la gestión de los materiales y los residuos generados y la gestión del carbono y el objetivo de reducir su huella.

La empresa Baz S. L. ya está en el proceso de implantación de economía circular en su organización y, dado que influye en ello la gestión de todos los insumos y recursos, necesitan también establecer medidas de control de entradas de consumo de agua y materiales. Además, tanto la posible promoción como las compensaciones, bonificaciones fiscales y ayudas públicas para disminuir sus huellas ambientales hacen que sea necesario establecer los indicadores en forma de huella hídrica y huella de carbono.

2. Gestión de los recursos en la economía circular: huella hídrica y residuo cero

☞ HILO CONDUCTOR

La empresa Baz S. L., en su proceso de implantación de la circularidad, necesita considerar los recursos utilizados, entre los cuales están el consumo de agua y de materias primas, con la consiguiente generación de residuos.

Entre los recursos disponibles y utilizables para cualquier actividad, sin duda podemos considerar que la gestión del agua y de los recursos hídricos es de los más importantes.

Para poder comprenderlo mejor, vamos a analizar la situación de este recurso a nivel global y a nivel nacional.

2.1. Situación actual de los recursos hídricos: huella hídrica y huella de agua

El agua es, probablemente, el elemento más importante para la vida en el planeta. Todos los seres vivos estamos formados en gran porcentaje por ella y, además, en ella se producen las reacciones químicas necesarias para la vida.

Aunque el agua es la principal característica de nuestro planeta, debemos tener en cuenta que su presencia en los distintos estados de la materia y entornos es muy particular, y que gran parte de ella no está disponible de forma habitual para el uso del ser humano ni de otros seres vivos.

Una molécula de agua sigue un ciclo constante por procesos de evaporación y transpiración, condensación, precipitación, infiltración y acumulación.

Ciclo del agua

Agua subterránea

| Evaporación | Transpiración | Condensación | Precipitación | Infiltración | Recopilación |

Este ciclo ocasiona también que la distribución y los tiempos de residencia de una molécula de agua en cada una de las situaciones y estados de agregación sean diferentes, haciendo que la disponibilidad del recurso sea limitada.

Distribución del agua en la Tierra

Océanos y mares (agua salada) 96,5 %

Agua dulce

Capas de hielo y glaciares 69 %

Agua superficial y otros

Agua subterránea 30 %

Sol 38 %

Lagos 52 %

Vapor de agua atmosférico

Ríos

Organismos vivos

Por otro lado, los tiempos de residencia promedio de una molécula de agua en los diferentes ambientes son:

Ambiente	Tiempo de residencia del agua aproximado
Océanos	3.000 años
Glaciares y casquetes polares	20.000 a 100.000 años
Aguas subterráneas profundas	10.000 años o más
Aguas subterráneas superficiales	100 a 200 años
Lagos grandes	100 años
Lagos pequeños	1 a 10 años

Continúa en página siguiente >>

<< Viene de página anterior

Ambiente	Tiempo de residencia del agua aproximado
Ríos	2 semanas
Humedales	1 semana a varios años (varía mucho)
Atmósfera	9 a 10 días
Biosfera (en organismos vivos)	1 semana
Suelo (humedad superficial)	1 a 2 meses

Con esta información, podemos visualizar que la cantidad de agua disponible en un tiempo determinado es pequeña y que, por tanto, la correcta gestión de los recursos hídricos tiene un papel muy importante.

Por tanto, la huella hídrica surge al reconocer que las actividades humanas que afectan los recursos de agua dulce están, en última instancia, relacionadas con el consumo. Comprender y enfrentar problemas como la escasez y la contaminación del agua resulta más efectivo cuando se analizan todos los eslabones de las cadenas de producción y suministro.

A nivel global, la escasez de agua y el estrés hídrico son ya realidades para gran parte de la población mundial, que, además, se ven agravadas por una combinación del aumento de la demanda y la desigualdad en el acceso.

Además, las situaciones de sequía, por un lado, y de lluvias torrenciales, por otro —ambas derivadas de la actual emergencia climática—, dificultan aún más su aprovechamiento.

En España, los desequilibrios regionales, la ineficiente gestión del agua y unas infraestructuras inadecuadas agravan los impactos de una sequía cada vez más persistente. Además, el uso del agua para actividades como la agricultura de regadío en zonas con un estrés hídrico creciente intensifica aún más esta problemática.

El uso actual del agua refleja una **creciente crisis global,** marcada por el acceso limitado, la sobreexplotación de recursos y el impacto del cambio climático en su disponibilidad y calidad. Así, podemos destacar los siguientes datos:

Acceso
- Más de 2.000 millones de personas sin agua potable y unos 3.500 millones sin saneamiento adecuado.

Escasez y estrés hídrico
- La mitad de la población sufre escasez severa de agua en alguna situación y momento del año.

Seguridad hídrica y vulnerabilidad
- Más del 80 % de la población mundial vive en condiciones de inseguridad al respecto de su disponibilidad, especialmente en Asia, África y Oriente Medio.

Uso insostenible en agricultura e infraestructura
- El uso de agua dulce y el aumento del consumo urbano. Los impactos climáticos extremos generan pérdidas humanas y materiales muy grandes.

2.2. Metodología de evaluación de impactos

La utilización de los recursos naturales conlleva, generalmente, una serie de impactos asociados.

Como hemos visto en el estudio de recursos hídricos existentes, la cantidad realmente utilizable por nuestras sociedades es relativamente escasa y se ve agravada en algunos lugares y situaciones de escasez por menor precipitación y mayores pérdidas por evaporación.

Además, la situación actual, inmersos como estamos en un proceso de calentamiento global y cambio climático, hace que en muchos lugares la disponibilidad de agua sea menor aún de lo habitual, con lo que el impacto se hace más intenso. Esto se refleja en actividades como la agricultura y la ganadería (principales consumidoras de agua), así como en las industriales y energéticas, que utilizan grandes cantidades en la generación de vapor y en procesos de refrigeración. En estos casos, si bien no se "pierde" el agua, sí se alteran sus características y se generan impactos en el medio.

Las metodologías de evaluación de impactos, que desarrollaremos más en los siguientes puntos, se pueden introducir como:

➲ **Huella hídrica referencia (Water Footprint Network):** evalúa el consumo directo e indirecto de agua dulce, estableciendo tipos de consumo por colores (azul, verde y gris). Se utiliza para conocer el consumo de alguna actividad o producto.

⊃ **ISO 14046. Con enfoque al ciclo de vida:** analiza, mediante metodología ISO, el impacto del consumo de agua durante el ciclo de vida del producto (de la cuna a la tumba). Es verificable por entidades acreditadas y compatible con otras normas de gestión ambiental.

⊃ **Evaluación de impacto ambiental (impactos asociados al recurso hídrico):** dentro de los procedimientos de EIA establecidos en la legislación para conocer el impacto ambiental de proyectos, planes y programas y determinar su viabilidad en relación con el desarrollo socioeconómico, una parte corresponde al impacto hídrico y sus posibles consecuencias en el medioambiente y las actividades económicas del lugar. Por ejemplo, instalar un complejo de ocio acuático y sus consecuentes impactos en comunidades de regantes cercanas.

2.3. Referenciales existentes: Water Footprint Network

Como ya has estudiado, la huella hídrica constituye un elemento importante para medir el impacto sobre los recursos hídricos del resultado de una actividad o elaboración de un producto.

En el proceso de **cálculo de la huella hídrica,** uno de los procedimientos es el cálculo de las **huellas azul, verde y gris,** para poder planificar acciones que mejoren la gestión en el uso del recurso hídrico.

La evaluación de la huella hídrica puede tener como objetivos los siguientes:

Respaldar a una empresa determinada para que implemente una gestión responsable y sostenible del agua, tanto en sus operaciones internas como en su cadena de suministro.

Colaborar con gobiernos y entidades reguladoras en la distribución y manejo sostenible de los recursos hídricos a diferentes escalas, tanto nacional como regional o local. Incluso tenerla en cuenta para escalar a niveles territoriales más amplios.

Establecer estándares de referencia en cuanto al consumo y la contaminación del agua orientados a un sector específico o en la fabricación de un producto en concreto.

Sensibilización sobre el desarrollo sostenible y el papel del recurso hídrico en ello.

Desde la **Water Footprint Network** se desarrolla una metodología para conocer, evaluar e interpretar esta huella hídrica.

En el desarrollo de la metodología de cálculo, y de los tipos de los que se compone (azul, verde y gris), es importante establecer la relación con la sostenibilidad del recurso.

Al igual que ocurre con el indicador de **huella ecológica,** entendida como la superficie de tierra y agua biológicamente productiva necesaria para producir los recursos que se consumen, absorber los desechos generados y permitir la regeneración de esos recursos, por persona, país, empresa o actividad, **la huella hídrica** nos proporciona un índice con el que medir el agua necesaria para producir un determinado producto.

Para garantizar la sostenibilidad ambiental respecto a este recurso, su consumo no debe superar los límites máximos que un recurso de agua dulce puede soportar.

Para evaluar esta sostenibilidad en relación con el uso de agua (**huella hídrica azul**) se utiliza el **indicador de escasez de agua azul,** que compara la huella hídrica azul con la cantidad de agua disponible, teniendo en cuenta las necesidades de los ecosistemas (caudales ambientales o ecológicos). Cuando esta huella supera la disponibilidad del recurso, los caudales ecológicos no se respetan, lo que a largo plazo provoca el deterioro de los ecosistemas acuáticos.

 **DEFINICIÓN**

Caudal ecológico
Cantidad mínima de agua que debe mantenerse de forma constante en ríos, lagos o acuíferos para preservar la salud de los ecosistemas acuáticos y mantener sus funciones ecológicas esenciales.

En cuanto a la calidad del agua, se analiza la huella **hídrica gris** en relación con la capacidad del ecosistema para absorber contaminantes, y así poder determinar el grado de contaminación. Si esta huella supera la capacidad de asimilación natural, entonces los estándares de calidad establecidos se superan, y el agua no podrá cumplir con los objetivos sociales y ambientales establecidos.

Así, tanto la escasez de agua azul como la contaminación del agua reflejan el impacto acumulado del uso del agua dulce, y pueden evaluarse a diferentes escalas, desde aguas subterráneas a cuencas hidrográficas locales o de mayor escala.

Los usos de la huella hídrica como indicador son:

- **Evaluar la eficiencia de los recursos:** al expresarse en función de la cantidad de producto. Un indicador ambiental que mida, por ejemplo, los metros cúbicos de agua empleados para generar una tonelada de algodón para uso textil. En este caso, una reducción en la huella hídrica refleja un aprovechamiento más eficiente del agua durante la producción de algodón u otros productos. Cuando esta huella supera los niveles considerados eficientes para una determinada actividad, sugiere que es posible mejorarla adoptando nuevas tecnologías o modificando las prácticas actuales.
  Desde las herramientas de gestión ambiental en general —y, como ampliaremos, de gestión de huella hídrica en particular—, el uso de las mejores técnicas o tecnologías disponibles en cada situación siempre implica que los procesos pueden hacerse de forma más eficaz y eficiente, ahorrando recursos.
- **Estimar la distribución del recurso:** al poder conocerse la huella de diferentes áreas y productos, podemos conocer qué actividades, territorios o personas están disfrutando de una mayor proporción respecto a la disponibilidad de agua total y la mala distribución a nivel global de la misma (como ocurre con la huella ecológica). Con la información que estos datos nos indican, se puede elaborar una estrategia encaminada a gestionar el recurso de forma más sostenible y equitativa. Estas estrategias pueden ir desde invertir en sistemas de medición más precisos, para optimizar la gestión del agua, hasta implementar mejoras en las prácticas o adoptar tecnologías que disminuyan la huella hídrica en las diferentes etapas de la producción. Además, la colaboración entre varios actores puede ser clave para lograr un uso sostenible del agua a largo plazo a nivel de cuenca hidrográfica, incluso de diferentes escalas territoriales (si bien esto es más complicado).

2.4. Normativa para la evaluación de la huella del agua

Para poder elaborar estos indicadores, al igual que en otras categorías, podemos incluir diferentes **normas** o **estándares de realización.**

Estos estándares o normas, entre los que sobresalen por uso, metodología y conocimiento las ISO (en este caso, la ISO 14046:2016), son desarrollados por entidades de normalización a instancias de organizaciones o estudios que finalizan en la conveniencia o necesidad de desarrollar guías para armonizar diferentes actividades.

Así, existen muchas normas de diferentes familias profesionales, y las ISO son las más utilizadas a nivel internacional. Dentro de la rama ISO 14000, relativa a la gestión de elementos ambientales, podemos encontrar la relativa la **elaboración de la huella hídrica.**

La aplicación de estos estándares proporciona las siguientes ventajas:

1. Utilización de una metodología validada internacionalmente para la gestión de un elemento de una organización (empresa o administración pública).
2. Posibilidad de integración con otros estándares de gestión. Por ejemplo, con normas ISO 14064 relativas al cálculo de huella de carbono, o ISO 14001 de gestión ambiental (que puede otorgar una certificación).
3. Proporciona información útil para establecer objetivos de mejora de la gestión del recurso en áreas estudiadas.
4. Implica la participación de todo el personal de las organizaciones y la necesidad de liderazgo de la dirección.
5. Garantiza que la organización cumpla con los requisitos legales en la materia, ya que es un aspecto imprescindible para poder certificarse en el estándar (si contara, además, con la ISO 14001).
6. Mejora las relaciones con las administraciones públicas, manifestando su mejor comportamiento en la gestión de un recurso tan importante como el hídrico.
7. Aumenta el mercado potencial a clientes más sensibilizados/as con el uso y consumo adecuado del agua, mejorando su imagen de marca si se verifica en la aplicación correcta de la norma.
8. Establece colaboraciones con otras entidades y grupos de interés de forma local.
9. Influye en otras compañías colaboradoras o de competencia para que la gestión del agua sea más eficiente.
10. Dado que las normas siguen las premisas de la mejora continua, garantiza que su manejo del agua irá mejorando con el tiempo.

La **norma ISO 14046:2016** no establece requisitos para la gestión del agua en sí misma, sino que se centra en la evaluación del impacto del agua en la huella hídrica de una organización.

Por lo tanto, se puede utilizar en conjunto con otras normas y estándares relacionados con la gestión del agua y la sostenibilidad. Al igual que las demás normas ISO, tiene una serie de elementos en común en su desarrollo:

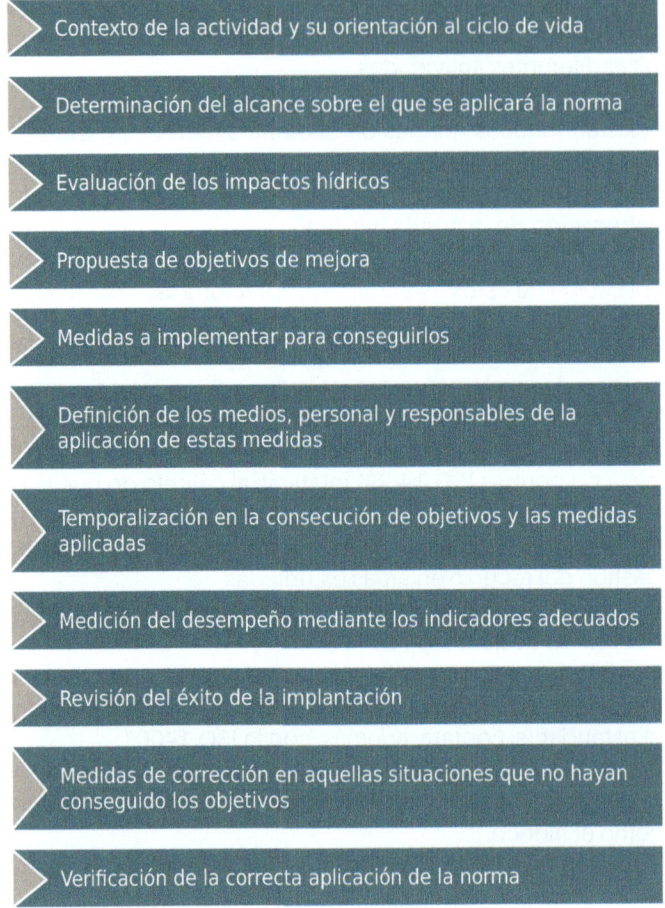

Contexto de la actividad y su orientación al ciclo de vida

Determinación del alcance sobre el que se aplicará la norma

Evaluación de los impactos hídricos

Propuesta de objetivos de mejora

Medidas a implementar para conseguirlos

Definición de los medios, personal y responsables de la aplicación de estas medidas

Temporalización en la consecución de objetivos y las medidas aplicadas

Medición del desempeño mediante los indicadores adecuados

Revisión del éxito de la implantación

Medidas de corrección en aquellas situaciones que no hayan conseguido los objetivos

Verificación de la correcta aplicación de la norma

En definitiva, según la ISO, la implementación de este tipo de metodología puede proporcionar las siguientes ventajas:

a. Evaluar la magnitud de impactos ambientales potenciales relacionados con el agua;
b. Identificar oportunidades para reducir los impactos ambientales potenciales relacionados con el agua asociados con productos en varias etapas de su ciclo de vida, así como con procesos y organizaciones;
c. La gestión estratégica del riesgo relacionado con el agua;
d. Facilitar la eficiencia del agua y la optimización de la gestión del agua al nivel de productos, procesos y organización;
e. Informar a quienes toman decisiones en la industria, las organizaciones gubernamentales y no gubernamentales de sus impactos ambientales

potenciales relacionados con el agua (por ejemplo, para propósitos de planificación estratégica, establecimiento de prioridades, diseño o rediseño de productos y procesos, o toma de decisiones sobre inversiones de recursos);

f. Proporcionar información coherente y fiable con base en evidencia científica para dar el informe de los resultados de la huella de agua.

 PARA SABER MÁS

Puedes consultar más detalles de las normas ISO en el siguiente enlace.

https://redirectoronline.com/seag00060301

2.5. Acometer el cálculo de la huella hídrica o de la huella del agua

La metodología de cálculo de huella hídrica proporcionada por la ISO 14046 se centra en la evaluación de los impactos producidos durante el ciclo de vida del producto.

La ISO 14046 se basa en las entradas y salidas del recurso hídrico en el desarrollo de la actividad o elaboración del producto, así como en los efectos sobre la disponibilidad de agua, y su repercusión sobre los ecosistemas acuáticos y la salud de las personas. Además, se utilizan *softwares* de cálculo que implementan esta metodología.

Para realizar un cálculo numérico fácilmente entendible, se utiliza la referencia proporcionada por la Water Footprint Network.

La metodología del cálculo de la huella hídrica es la siguiente:

1. División del cálculo en sus componentes (azul, gris y verde)
2. **Cálculo de cada una por separado:**

   a. Azul: agua dulce extraída de fuentes superficiales o subterráneas que no regresa al mismo sistema.
   HHAzul = volumen de agua consumida (m^3) - Volumen retornado al sistema.
   b. Verde: agua de lluvia almacenada en el suelo y utilizada por las plantas.
   HHVerde = evapotranspiración de cultivos (m^3)
   (Calculado con modelos hidrológicos y datos de fisiología vegetal y climáticos).
   c. Gris: volumen de agua necesario para diluir contaminantes hasta niveles aceptables.
   HHGris = L / Cmax−CnatL
   donde:

   - L: carga contaminante (kg)
   - Cmax: concentración permitida por norma (kg/m^3)
   - Cnat: concentración natural del contaminante en el agua (kg/m^3)

3. **Cálculo de la huella total**
   Huella hídrica total = HHVerde + HHAzul + HHGris
   (Se expresa en volumen por unidad o cantidad de producción, como por ejemplo m^3 necesarios para la producción de 1 Tm de algodón).

 PARA SABER MÁS

Puedes consultar más detalles sobre el cálculo de la huella hídrica en el siguiente enlace.

https://redirectoronline.com/seag00060302

2.6. Verificación de la huella hídrica y de la huella del agua

La verificación de la huella hídrica es un proceso que revisa y corrobora que el cálculo de la huella hídrica realizado por la empresa u organización que lo presenta es correcto y puede llegar a emitirse una declaración verificada.

Este proceso, independientemente de que el cálculo haya sido hecho de acuerdo a la metodología de **Water Footprint Network** (WFN) o de la ISO 14046, sigue una serie de etapas para establecer la veracidad de estos resultados.

Tras el proceso de determinación y cálculo, una entidad certificadora acreditada para realizar tales estudios puede acometer la verificación externa, sobre todo si se pretende emitir una declaración de la huella hídrica. Es decir, hay una comprobación externa de que los pasos se han seguido conforme a los estándares de aplicación (ISO 14046 o WFN).

Al igual que en otras normas ISO, es conveniente señalar que el proceso de determinación de la huella siguiendo esta norma, que incluye una revisión interna de los resultados y fases seguidas durante el proceso.

El proceso para determinar la huella hídrica según la norma ISO 14046 es:

Verificación externa	- Los organismos acreditados revisan aspectos del proceso de cálculo, como la metodología empleada, la calidad y veracidad de los datos y la trazabilidad y transparencia del proceso. Suele implicar, además de la revisión documental, una visita a las instalaciones y una comprobación directa.
Informe de verificación	- Los equipos que realizan esta verificación realizan un informe con los hallazgos encontrados, en los que pueden existir observaciones de mejora o no conformidades con el estándar en cuestión, en cuyo caso lo comunican a la entidad para que los resuelva. En caso de que todo esté correcto y resuelvan estas consideraciones, se puede emitir un informe de verificación acreditado.
Resultados	- Los resultados verificados pueden comunicarse en informes de sostenibilidad, etiquetas o declaraciones públicas, siempre cumpliendo criterios de transparencia.

 **VÍDEO**

En los siguientes vídeos puedes ampliar tu conocimiento sobre la huella hídrica y su cálculo. Accede desde aquí para verlos.

https://redirectoronline.com/seag00060303

https://redirectoronline.com/seag00060304

 ACTIVIDAD COMPLEMENTARIA

4. Realiza una búsqueda en internet de la huella hídrica de productos como un teléfono móvil, un paquete de café y una mesa de madera.

3. Análisis de residuo cero. Los mercados nacionales e internacionales y las oportunidades de negocio

☞ HILO CONDUCTOR

Una vez revisados los indicadores de huella hídrica con los que estimar el consumo de agua y sus posibles estrategias de mejora, desde Baz S. L. se centran en establecer las posibilidades de alcanzar el residuo 0, y así poder beneficiarse de la no generación de residuos.

El término **residuo 0** se interpreta como el objetivo de conseguir que cada vez menos materiales se conviertan en residuo y terminen por formar parte de los últimos peldaños de la pirámide de gestión (valorización energética o incineración y eliminación en vertedero).

Mediante la aplicación de otros elementos de gestión de residuos que impiden o limitan que esto se produzca, se crean, a su vez, líneas comerciales o mercados que van en esta dirección, ya sea promoviendo reparaciones, reciclajes, reutilizaciones, etc.

Como se mencionó en las anteriores unidades, existen, en diferentes sectores económicos, posibilidades de aplicación de estas metodologías para conseguir una economía más circular y disminuir la generación de residuos.

Sin duda, el principal elemento sobre el cual se pueden desarrollar este tipo de oportunidades parte del ecodiseño. El propio diseño inicial de los productos hace que, después, estos sean más fácilmente recuperables, reutilizables o reciclables generando menos residuo.

Además, puede aumentar la sostenibilidad general al emplear materiales provenientes del reciclaje o de producciones más sostenibles, así como la optimización de procesos y usos de MTD apropiadas que consuman menos recursos (agua y energía).

3.1. Oportunidades de negocio

Impulsadas en gran medida por los acuerdos internacionales y las políticas y legislaciones ambientales para conseguir alcanzar estos acuerdos, las estrategias de gestión sostenible de los residuos tienen un papel muy importante en la actualidad.

La finalidad de estas estrategias no es solamente la de disminuir la cantidad de residuos generada —y, con ello, las implicaciones ambientales, climáticas y sociales que tiene—, sino también desarrollar nuevas líneas de negocio y empresariales que sustituyan y aumenten las relacionadas con la producción de la economía lineal.

Las estrategias para sustituir la producción de economía lineal son:

- **Reciclaje:** es una de las primeras opciones que tenemos en cuenta. Si bien en la gestión de los residuos no es la prioritaria, sí genera una buena oportunidad de negocio en áreas como los residuos electrónicos, textiles, metales, plásticos, etc.
- **Venta, reutilización y reparación:** los canales actuales y plataformas de compra-venta mediante aplicaciones móviles cada vez tienen más aceptación y usuarios, incluso entre particulares. También las cadenas de tiendas de objetos de 2.ª mano que, tras una revisión, vuelven a ponerse en venta.
- **Productos sin envase:** cada vez son más habituales las compras de muchos productos a granel, especialmente en el sector de la alimentación, disminuyendo así los envases y empaquetados de los productos, que aumentan mucho la tasa de residuos, sobre todo los plásticos. Es ya una modalidad muy utilizada.
- **Residuos orgánicos:** tanto desde los residuos urbanos como desde actividades agrarias, alimentarias, ganaderas o silvícolas, gran parte de los residuos producidos son orgánicos. Una correcta separación y almacenamiento previo de los mismos permite que estos residuos orgánicos, mediante su descomposición biológica, terminen siendo compost, o que lleguen a generar biogás, pudiendo así valorizarse energéticamente, y obteniendo una fuente de energía renovable y no contaminante.
- **Certificación Residuo 0:** la adquisición por parte de compañías de certificaciones de Residuo 0 puede ayudar a mejorar resultados comerciales, de similar forma que ocurre con otras certificaciones en materia medioambiental, desarrollando mercados específicos o condiciones para contratos con administraciones públicas.

En España, estas líneas de negocio, además, tienen el impulso de diferentes planes de gestión de residuos tanto estatales como autonómicos e incluso de ámbito local. La legislación actual insta a las administraciones públicas a crear un marco favorable para que estos modelos se implanten y consoliden mediante la difusión pública, las ayudas, bonificaciones fiscales, etc.

Desde el gobierno central, la estrategia actual es la **Estrategia Española de Economía Circular - España Circular 2030.** A partir de esta estrategia, se desarrollan los planes territoriales (autonómicos y locales).

Modelo económico sostenible, circular y competitivo alineado con el Pacto Verde Europeo y la Agenda 2030. Incluye cinco objetivos cuantitativos a lograr para 2030: reducir un 30 % el consumo de materiales respecto al PIB (2010), reducir un 15 % la generación de residuos, disminuir el desperdicio alimentario en hogares y cadenas, alcanzar el 10 % de reutilización de residuos municipales, mejorar un 10 % la eficiencia hídrica, y reducir las emisiones de gases de efecto invernadero por debajo de 10 Mt de CO_2 equivalente.

(Fuente MITECO).

A continuación, mostramos algunos ejemplos de planes autonómicos de economía circular.

Navarra

Plan de Prevención y Gestión de Residuos y Economía Circular 2023-2027.

Objetivos:

- Reutilizar, reciclar o valorizar el 90 % de los residuos municipales.
- Promover el ecodiseño en el sector industrial y agroalimentario.
- Fomentar la economía circular en zonas rurales.

Acciones:

- Sistema de recogida puerta a puerta
- Red de centros de reutilización
- Apoyo a *startups* circulares

País Vasco

Estrategia de Economía Circular del País Vasco 2030.

Objetivos:

- Reducir en un 30 % el uso de materiales por unidad de PIB.
- Disminuir los residuos no peligrosos un 10 %.
- Incrementar la reutilización y el reciclaje en sectores clave (metal, papel, plástico, construcción).

Puntos clave:

- Enfoque en sectores industriales
- Programas de ecoinnovación empresarial (como Ekogintza)
- Alianzas público-privadas (Basque Circular Hub)

Comunidad Valenciana

Estrategia Valenciana de Economía Circular 2030.

Objetivos:

- Reducir el consumo de materias primas.
- Integrar el enfoque circular en sectores productivos clave (textil, cerámica, agroalimentario).
- Apoyar a pymes en transición ecológica.

Proyectos asociados:

- Plan Integral de Residuos (PIRCV)
- Impulso de la industria 4.0 circular

Andalucía

Estrategia Andaluza de Economía Circular – Andalucía Circular 2030.

Objetivos:

- Integrar la economía circular en toda la política industrial.
- Reducir un 15 % la generación de residuos en 10 años.
- Fomentar el ecodiseño y el uso de materiales reciclados.

Medidas:

- ➲ Innovación tecnológica
- ➲ Educación y sensibilización
- ➲ Desarrollo de clústeres circulares

 VÍDEO

En el siguiente vídeo tienes una explicación del proceso de compostaje. Accede desde aquí para verlo.

https://redirectoronline.com/seag00060305

 PARA SABER MÁS

En el siguiente enlace del IDAE se explica más acerca del proceso de generación de biogás.

https://redirectoronline.com/seag00060306

3.2. Alternativas de gestión de los residuos al vertido

En la gestión de los residuos, y partiendo de la premisa de que "el único residuo bueno es el que no se produce", se contemplan políticas, planes, estrategias y desarrollo de legislaciones, alternativas a la etapa final que sería el depósito o eliminación en vertedero.

En esta gestión, el proceso, ya conocido, y del que se pueden ampliar ciertas etapas, es el siguiente:

Jerarquía de residuo cero

Preferible

Rechazar, repensar, rediseñar

Reduce y reutiliza

Preparación para la reutilización

Reciclaje, compostaje

Recuperación material y química

Gestión de residuos   (valorizaciones)

Inaceptable   (depósito en vertedero)

No preferida

Pirámide de gestión de residuos ampliada

3.3. Requisitos del esquema de certificación AENOR-Residuo cero

Como estamos viendo, la gestión de los residuos es algo muy importante de cara a conseguir una economía circular, que puede redundar en varios beneficios, tanto para el medioambiente como para la propia economía y estrategia empresarial.

La economía circular busca revertir el modelo actual de gestión de residuos, priorizando al máximo las acciones orientadas a la prevención y valorización, como la reducción, la reutilización, el reciclaje y la valorización energética.

En este sentido, la **certificación Residuo 0 de AENOR** nace en línea con las directrices establecidas por organismos internacionales como la OCDE, el PNUMA (Agenda 2030), el G20, la Unión Europea y España en esta materia.

Los requisitos de esta certificación están en consonancia con las iniciativas globales relacionadas con la economía circular, complementándose con otros certificados como el de ecodiseño o huella hídrica, entre otros.

Este sistema, aunque su denominación no lo parezca, no implica la eliminación total de residuos, sino una gestión estructurada que permita minimizar su generación, facilitar su reutilización y/o convertirlos en materias primas para ser reintegradas en la cadena productiva.

Los **beneficios** más importantes para las organizaciones que puedan aplicar esta certificación son:

> Mejorar la eficiencia en sus procesos de gestión de residuos.

> Obtener ventajas económicas, ya que, al reducir la cantidad de residuos generados, se disminuyen los costes asociados a su gestión y, además, se pueden generar ingresos adicionales mediante la valorización de los materiales en lugar de desecharlos.

> Favorecer la transición hacia un modelo de economía circular, permitiéndoles anticiparse a futuras normativas en esta área.

> Para las empresas que ya cuentan con la certificación ISO 14001, representa un valor añadido al demostrar una actuación concreta y específica en la gestión de residuos.

AENOR, como entidad certificadora, y en el desarrollo de este requisito, debe certificar que las entidades que lo pretenden implantar cumplan con una serie de requisitos para poder obtenerlo y optar a las ventajas que ofrece.

IMPORTANTE

Estos beneficios, así como la estrategia de gestión, pueden facilitarse dentro de una organización, si además se implementan sistemas de gestión ambiental

Continúa en página siguiente >>

<< Viene de página anterior

como la ISO 14001 o el esquema EMAS. Estos sistemas de gestión ambiental plantean, entre sus objetivos de mejora ambiental, aspectos ambientales como la gestión de los residuos y su minimización.

Este certificado, que tiene una validez de 3 años, debe contemplar, al menos:

- **Inventario de residuos,** con su clasificación correspondiente.
- Tener una **documentación y trazabilidad** de todos los pasos que siguen, desde el centro de producción hasta su destino final.
- Contemplar e **indicar el % de residuos** que se valorizan, explicando las diferentes opciones de valorización que tienen (reutilización, reciclaje, energética).
- Disponer de un **plan de minimización de residuos**. Ya que el principal objetivo de la gestión de residuos es la reducción de los mismos, la existencia de una planificación para poder disminuirlos es imprescindible.

 **APLICACIÓN PRÁCTICA**

En la empresa BAZ S. L., María quiere poder implementar el Certificado Residuo 0, pero tiene varias dudas al respecto.

¿Qué elementos pueden ayudar a la implementación del certificado Residuo 0?

Solución

Los certificados de sistemas de gestión ambiental como la ISO 14001, ya que aportan un valor añadido y, además, facilitan los procesos de gestión de residuos al estar contemplados en los aspectos ambientales a considerar en el sistema de gestión ambiental.

4. Gestión de la huella de carbono y su neutralidad. Gestión del carbono

☞ HILO CONDUCTOR

Continuamos con la empresa BAZ S. L. para conocer y analizar los procesos necesarios para su diagnóstico, así como las formas en que podemos contribuir a su desarrollo empresarial y a la implementación de estrategias de economía circular.

- -

Otro de los indicadores ambientales más significativos es la huella de carbono, que se define como "la cantidad de gases de efecto invernadero (GEI), principalmente dióxido de carbono (CO_2), emitidos directa o indirectamente por actividades humanas" (MITECO). Se considera una herramienta clave para evaluar el impacto ambiental de individuos, empresas, productos y servicios, y es un complemento fundamental de la huella ecológica.

4.1. Introducción a la gestión de la huella de carbono

La situación actual de calentamiento global viene determinada, en gran medida, por la desproporción de gases de efecto invernadero en la atmósfera. La concentración de estos gases ha aumentado exponencialmente desde la Revolución Industrial hasta nuestros días y ha conllevado un aumento de temperatura global que desencadena una serie de procesos de cambio climático, los cuales ya están produciendo efectos como el aumento de sequías, modificaciones de regímenes hídricos, aumento de fenómenos meteorológicos adversos, etc.

Ante esta perspectiva, y teniendo en cuenta también las implicaciones de desarrollo socio-económico que ello plantea, internacionalmente se han ido produciendo diversos acuerdos, como los Acuerdos de París o el Pacto Verde Europeo, que finalizan en la aplicación de políticas, planes, estrategias y programas legislativos cuyo objetivo final es reducir las emisiones de gases de efecto invernadero.

Estos **gases de efecto invernadero (GEI)** son componentes de la atmósfera que tienen la capacidad de retener parte de la energía térmica emitida por la superficie terrestre después de recibir la radiación solar. Cada uno posee distinta capacidad de atrapar calor y diferente permanencia en la atmósfera, lo que determina su impacto en el sistema climático. Los GEI considerados son los siguientes:

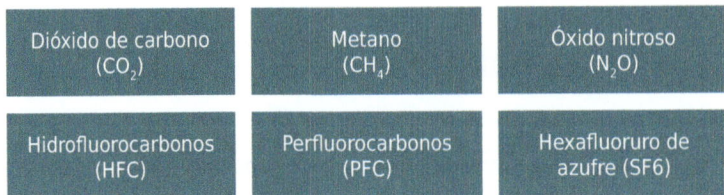

Dióxido de carbono (CO_2)	Metano (CH_4)	Óxido nitroso (N_2O)
Hidrofluorocarbonos (HFC)	Perfluorocarbonos (PFC)	Hexafluoruro de azufre (SF6)

Cuando se habla de la **huella de carbono,** nos referimos al conjunto de emisiones de estos gases, pero utilizando como medida el efecto invernadero equivalente de cada uno de ellos a 1 Tm de CO_2 (CER); por eso el indicador de medida respecto a las emisiones se corresponde con la huella de carbono.

La gestión de la huella de carbono consiste en un enfoque estructurado que facilita a empresas, instituciones públicas y personas cuantificar, minimizar y equilibrar sus emisiones de gases de efecto invernadero (GEI), con el fin de disminuir su contribución al cambio climático.

En este sentido, la gestión activa de la huella de carbono no solo contribuye al medioambiente, sino que también brinda beneficios en términos de imagen pública, cumplimiento normativo y eficiencia financiera. Las entidades que implementan este tipo de estrategias tienden a mejorar su reputación frente a clientes y consumidores, anticiparse a posibles exigencias legales y encontrar formas de reducir costes.

 **VÍDEO**

En este vídeo tienes una explicación de cómo se miden los CER y una introducción a su mecanismo de compensación. Accede desde aquí para verlo.

https://redirectoronline.com/seag00060307

4.2. Huella de carbono de una organización

Es la medida de las emisiones totales de una organización y sus actividades, generadas directa e indirectamente durante un periodo de tiempo (anual).

La fórmula básica para medir la huella de carbono es:

> Huella de carbono = nivel de actividad x factor de emisión

Es una de las metodologías más utilizadas y se basa en el **GHG Protocol,** un estándar internacional que establece pautas específicas de cálculo. Dicho protocolo clasifica las emisiones en distintos **"alcances",** que determinan qué actividades deben medirse dentro de la organización.

Por otro lado, los procesos de cálculo siguen los siguientes alcances:

Alcance 1
- Hace referencia a las emisiones directas de las actividades de la organización, como las de sus procesos industriales o las emisiones de sus vehículos.

Alcance 2
- Es indirecto y se refiere a las acciones que la actividad necesita para desarrollarse, como sus insumos, materias primas, actividades relacionadas para ello, desplazamientos o residuos originados en la producción. Por ejemplo, las emisiones derivadas de la adquisición de materia prima necesaria para elaborar un producto.

Alcance 3
- Es indirecto y se caracteriza por medir las emisiones posteriores a las exclusivas de la actividad, como las derivadas de la gestión de los residuos del producto final, la distribución, las inversiones, etc.

◎ EJEMPLO

Las ocasionadas en la distribución de un producto electrónico desde que sale de la fábrica y pasa por diferentes proveedores hasta la gestión del residuo cuando ese producto llega al final de su vida útil y se convierte en residuo. Este alcance, si bien es el menos controlable de forma directa por la organización, puede representar hasta el 70 % del total de las emisiones debido, en gran parte, al transporte.

- -

4.3. Huella de carbono de un producto o servicio

En este caso, la huella de carbono trata de incorporar el análisis del ciclo de vida (ACV) del producto o servicio a las emisiones de gases de efecto invernadero emitidas.

Si bien las estrategias de medición también se corresponden con la cuantificación mediante los alcances 1, 2 y 3, y métodos como el GHG Protocol, también se emplea la ISO 14064: 2019, como estándar para la cuantificación y reporte de emisiones y remociones de GEI (gases de efecto invernadero). Está más centrada en la variable del Alcance 3, para poder incluir todas las etapas del ACV, incluso cuando ya no se considera competencia directa de la organización.

Esta norma ISO es aplicable a todas las organizaciones que quieran determinar su huella de carbono, y, como todos los estándares ISO, sigue unas etapas similares de aplicación. Se encuadra dentro de la "familia" de normas ISO 14060 destinadas a evaluar, medir e interpretar las emisiones de GEI (Fuente: ISO.ORG).

Las mejoras que se obtienen de la norma ISO 14060 son:

- ⮑ Aumenta la integridad ambiental de la cuantificación de los GEI.
- ⮑ Aumenta la credibilidad, coherencia y transparencia de la cuantificación, el seguimiento, el informe, la verificación y la validación de los GEI.
- ⮑ Facilita el desarrollo y la implementación de estrategias y planes de gestión de los GEI.
- ⮑ Facilita el desarrollo y la implementación de acciones de mitigación mediante reducciones de las emisiones o aumentos de las remociones.
- ⮑ Facilita la capacidad de seguir el desempeño y progreso de la reducción de emisiones de GEI y/o del aumento de las remociones de GEI.

La medición de la huella de carbono es una herramienta clave para reducir nuestro impacto climático.

4.4. Mitigación y compensación de la huella de carbono

Para paliar las emisiones, las organizaciones pueden compensarlas con proyectos o acciones que actúen de sumideros de carbono, como pueden ser la creación o mantenimiento de zonas verdes captadoras de CO_2 (por ejemplo, financiar la protección de masas boscosas) o implementar medidas que disminuyen sus emisiones netas (por ejemplo, sistemas de energías renovables en sus instalaciones).

En todo caso, estas acciones de compensación deben ser:

- Reales
- Adicionales a las ya existentes de funcionamiento habitual de la actividad
- Permanentes
- Verificables por organismos acreditados
- Cuantificables por estos mismos organismos
- Aplicables en la actividad

Por cada CER, o Tm de CO_2 compensada, las organizaciones pueden recibir los llamados **bonos de carbono,** que son los instrumentos de financiación para utilizar en los llamados **mercados de carbono.** Con ello, obtienen financiación para seguir implementando medidas de descarbonización relacionadas con las mejoras tecnológicas, la mejora de la eficiencia energética en las instalaciones y los procesos productivos, en el transporte, etc.

TAREA 3

La empresa AgroTextil Sostenible S. A. produce algodón para exportación. Quiere implantar una estrategia de organización sostenible que reduzca el impacto en los recursos hídricos y mejore su reputación social y ambiental, manteniendo la rentabilidad económica.

El objetivo es calcular la huella hídrica total (HHT) de su cultivo de algodón en una finca de 100 hectáreas, para planificar acciones que mejoren:

- Resultados económicos: ahorro de costes en agua y fertilizantes.
- Impacto social: uso equitativo del agua en la comunidad local.
- Impacto ambiental: reducción de consumo de agua y contaminación.

Datos para el cálculo:

1. Huella azul

   · Agua de riego extraída: 500.000 m³/año
   · Agua que regresa al acuífero: 50.000 m³/año

2. Huella verde

   Evapotranspiración media de los cultivos: 3.200 m³/ha/año
   Superficie: 100 ha

3. Huella gris

   · Carga contaminante (nitratos): 900 kg/año
   · Concentración permitida (Cmax): 0,05 kg/m³
   · Concentración natural (Cnat): 0,01 kg/m³

----

5. Resumen

A lo largo de esta unidad, hemos profundizado en algunos de los indicadores más importantes y que generalmente se utilizan para medir el grado de implicación en la conservación del medioambiente.

Sobre los recursos que, en toda empresa y sociedad, necesitamos, la gestión del recurso hídrico es, sin duda, una de las más importantes. La huella hídrica de empresas, poblaciones, actividades o productos sirve para estimar la cantidad de agua necesitada en estas situaciones.

Además, ya que la circularidad tiene como principio fundamental la reintroducción de las materias a los procesos productivos, la posibilidad de que no existan residuos y su posible comprobación y certificación son, pues, muy relevantes.

La situación actual de calentamiento global y la descompensación relativa del carbono atmosférico, así como las políticas y estrategias encaminadas a disminuir las emisiones de CO_2 han hecho que se desarrollen metodologías para medir la huella de carbono, al igual que la hídrica, lo cual puede dar lugar a posibles compensaciones y bonificaciones económicas.

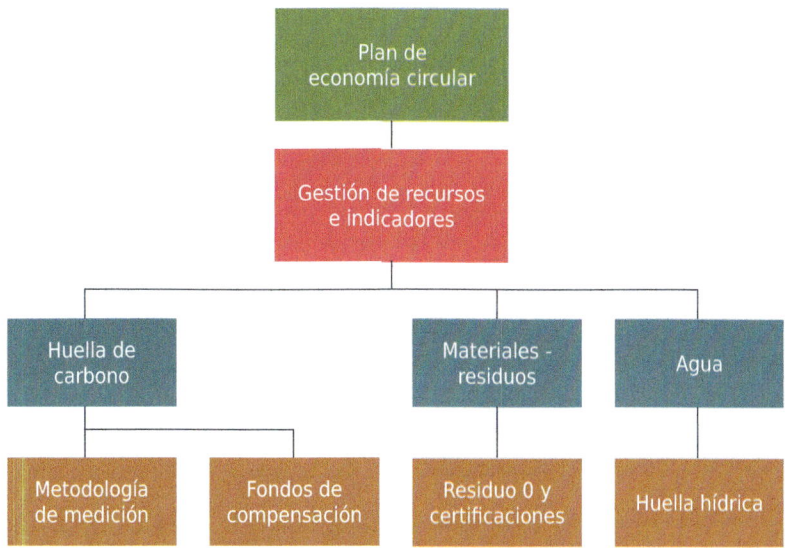

Ejercicios de autoevaluación
Unidad de Aprendizaje 3

1. **Una característica a tener en cuenta cuando observamos el ciclo del agua y su distribución es que:**

   a. La cantidad de agua dulce es muy grande respecto al total.
   b. La cantidad de agua aprovechable por el ser humano es muy pequeña.
   c. La mayoría del agua se encuentra en la biosfera.
   d. Todas las opciones son correctas.

2. **La situación climática en la actualidad provoca que:**

   a. Aumenten los fenómenos meteorológicos extremos.
   b. Aumenten las sequías.
   c. Existan problemas en actividades que consumen mucha agua.
   d. Todas las opciones son correctas.

3. **Indica si la siguiente oración es verdadera o falsa: "La huella hídrica gris se relaciona con la capacidad del ecosistema para absorber contaminantes, y así poder determinar el grado de contaminación".**

   ■ Verdadero
   ■ Falso

4. **La norma ISO relacionada con la huella hídrica es:**

   a. ISO 9001
   b. ISO 14046
   c. ISO 14001
   d. ISO 50001

5. **Una característica de aplicar una norma ISO para indicar la huella hídrica es que:**

   a. Se centra en el ACV de la actividad o producto.
   b. Puede compatibilizarse con otras normas de gestión.
   c. Valora los impactos hídricos.
   d. Todas las opciones son correctas.

6. **La acción más importante para conseguir residuo 0 en un producto parte de:**

   a. Su huella ecológica
   b. El ecodiseño aplicado
   c. La aplicación de estándares ISO
   d. Todas las opciones son incorrectas.

7. **Podemos considerar que el compost es un proceso de:**

   a. Reutilización
   b. Reducción
   c. Rediseño
   d. Reciclaje

8. **Indica si la siguiente oración es verdadera o falsa: "El esquema de AENOR residuo 0 es incompatible con otros como el ISO 14001 de gestión ambiental".**

   ■ Verdadero
   ■ Falso

9. **Para contabilizar las emisiones de gases de efecto invernadero nos referimos a:**

   a. Tm CO equivalente
   b. Tm CO_2 equivalente
   c. Tm SO_x equivalente
   d. Tm N2O equivalente

10. **Una característica que deben cumplir las acciones de mitigación del carbono es que deben ser:**

    a. Reales
    b. Permanentes
    c. Adicionales
    d. Todas las opciones son correctas.

Glosario

Economía lineal
Modelo económico tradicional basado en el principio de "tomar, hacer, des-echar", sin tener en cuenta el excesivo consumo de recursos y generación de residuos y las implicaciones ambientales que ello tiene.

Economía circular
Modelo económico sostenible que busca mantener los recursos en uso du-rante el mayor tiempo posible, extrayendo su máximo valor y reduciendo al mínimo la generación de residuos.

Impacto ambiental
Cualquier cambio en el medio ambiente, ya sea en el aire, agua, suelo, bio-diversidad o salud humana, que resulta directa o indirectamente de una ac-ción o conjunto de acciones.

Ciclo de vida
Todas las etapas que atraviesa un producto, desde la extracción de materias primas hasta su disposición final.

Greenwashing
Efecto que se produce cuando una organización exagera, miente o mani-pula información sobre sus prácticas ambientales para parecer más "verde" o sostenible de lo que realmente es.

Gestión ambiental
Proceso que comprende las acciones por las que se planifican, implemen-tan y evalúan prácticas para mejorar la relación entre las actividades huma-nas y el entorno natural.

Ecodiseño
Proceso de diseño que incorpora criterios ambientales desde el inicio, bus-cando optimizar el uso de recursos, reducir la contaminación y facilitar el reciclaje o reutilización del producto.

Huella hídrica

Volumen total de agua utilizada a lo largo del ciclo de vida de un producto o actividad, incluyendo el agua consumida en cada etapa de la cadena de producción.

Huella ecológica

Indicador ambiental que mide el impacto del ser humano sobre el planeta, expresado como la superficie de tierra y agua necesaria para producir los recursos que consume y absorber los residuos que genera, considerando tecnologías y prácticas actuales.

Huella de carbono

Indicador ambiental que mide la cantidad de emisiones de GEI expresadas en toneladas de CO_2 equivalente (CO_2e), que se generan por nuestras actividades, como el uso de energía, transporte, alimentación y consumo.

Efecto Invernadero

Proceso por el cual ciertos gases en la atmósfera (llamados gases de efecto invernadero, como el dióxido de carbono, metano y vapor de agua) atrapan parte del calor del sol, evitando que se escape al espacio, y así calientan el planeta.

Mercado del carbono

Mecanismo en el que los países, empresas u organizaciones pueden comprar y vender "derechos" para emitir una cierta cantidad de CO_2 u otros GEI, incentivando económicamente la reducción de emisiones.

Bibliografía

Monografías

→ ÁLVAREZ Gallego, S.: *Conceptos básicos de la huella de carbono*. Madrid: AENOR, 2015.

> Conceptos básicos de la huella de carbono. Un contenido donde, de manera práctica y sencilla, se abordan, entre otros aspectos: la reducción de las emisiones de gases de efecto invernadero, el Real Decreto 163/2014, los alcances y enfoques de la aplicación de la huella de carbono, las claves para el correcto desarrollo de la responsabilidad social corporativa, los beneficios tangibles e intangibles de la implementación de la huella de carbono, la repercusión en la gestión de la empresa.

→ ARNEDO Lasheras, R.: *Guía práctica para implementar la economía circular en las pymes*. AENOR, 2020.

> Muestra los conceptos más relevantes relacionados con la economía circular, los distintos modelos de negocio circulares y una metodología para hacer la transición de un modelo lineal a uno circular.

→ Del RÍO González, P., CHRISTOPH P. K. y GUERRERO Bustos, A. M.: *La economía circular*. Madrid: Editorial Los Libros de la Catarata, 2025.

> De forma amena y fácil lectura, explica la situación actual en cuanto a los modelos económicos y cómo la economía circular puede y debe servir para lograr un desarrollo más sostenible y equitativo.

→ RODRÍGUEZ Olalla, A.: *La huella de carbono de las organizaciones*. Madrid: AENOR, 2015.

> Una visión práctica de la importancia que tiene la huella de carbono desde el punto de vista de las organizaciones. Se aborda cuál es la situación actual y cuáles son los criterios que facilitan el proceso de toma de decisiones en la cuantificación e implementación de la huella de carbono para la organización.

→ RUIZ Amador, D. y ZÚÑIGA López, L.: *Análisis de ciclo de vida y huella de carbono*. Madrid: UNED. Universidad Nacional de Educación a Distancia, 2012.

> El análisis de ciclo de vida es una herramienta que permite sistematizar la obtención de información ambiental a lo largo de todo el ciclo de vida del producto.

Textos electrónicos, bases de datos y programas informáticos

→ Comisión europea, de:
https://european-union.europa.eu/institutions-law-budget/institutions-and-bodies/search-all-eu-institutions-and-bodies/european-commission_es>.

> Web institucional de la Comisión Europea para ver legislación, estrategias europeas de circularidad y sostenibilidad y características del Pacto Verde Europeo.

→ Ecoembes, de: <https://ecoembesempresas.com/?gad_source=5&gad_ca mpaignid=22409066789&gclid=EAIaIQobChMIhayDusjxjgMVb5RQBh3dx De_EAAYASAAEgILFfD_BwE>.

> Gestor autorizado para la recogida de residuos de envases ligeros en España.

→ Ecología verde, de: <https://www.ecologiaverde.com/>.

> Web especializada en noticias, explicaciones y aspectos de actualidad relevantes en materia ambiental.

→ Fundación AQUAE, de: <https://www.fundacionaquae.org/la-fundacion/>.

> Fundación que explica e informa sobre diversos aspectos vinculados al desarrollo sostenible y la huella hídrica.

→ Instituto de Diversificación y Ahorro Energético, de:
<https://sede.idae.gob.es/>.

> Web institucional donde se encuentran los enlaces a planes, ayudas y subvenciones en materia de energías renovables y eficiencia energética.

→ International Standard Organization, de: <https://www.iso.org/es/home>.

> Web de ISO, donde puedes consultar las normas y estándares de diversos aspectos relacionados con la gestión ambiental y sostenibilidad, además de muchas otras normalizaciones.

→ Ministerio para la Transición Ecológica y el Reto Demográfico, de:
<https://www.miteco.gob.es/>.

> Web institucional del Ministerio, desde donde se pueden ver muchos enlaces a diversos elementos, legislación y estrategias estatales sobre circularidad y sostenibilidad.

→ Water Footprint Network, de: <https://www.waterfootprint.org/>.

Web de la WFN, donde se exponen las metodologías de cálculo de la huella hídrica.

→ Web de Naciones Unidas, de:
<https://www.undp.org/es/sustainable-development-goals>.

Web institucional donde obtener información acerca de los ODS y otros organismos y acciones relacionadas.